だれにでもわかる鬼コーチの英語講義

新ゼロからスタート英文法

安河内　哲也
Yasukochi Tetsuya

Jリサーチ出版

はじめに

・・

英文法を勉強して英語学習を加速させよう！

　あいさつや買い物など、日常のちょっとした英会話なら、文法がわからなくても、丸暗記した表現を組み合わせるだけでなんとかなるかもしれません。でも、外国語を学ぶ場合はどんな言語でもそうですが、それだけでは壁に突き当たります。適当に単語や表現を並べるだけでは、どうしても連想ゲームのような英会話から脱却できないのです。

　例えば「私は野菜が買いたい」と言いたい場合、me, vegetable, buy, wantのように言っても、カンの良い相手なら通じるかもしれません。しかし、これでは外国語を話しているとは言えませんし、これ以上難しいことを伝えることができません。

　そこで、主語＋動詞、to不定詞の使い方のような、英語の語順やルールを学ぶことによって、I want to buy vegetables. と言えるようになれば、I want to stay here. (私はここにいたい) や、I want to go with you. (私はあなたと一緒に行きたい) のように、様々な内容を、誤解を招かずに伝えることができます。

・・

ただ、英文法の勉強にはキリがなく、いくらやっても完成した感じがしません。難しい文法まで学ばないと気が済まなくなることもあります。そして、難しいルールを知りすぎたあまり、間違えるのが恐くなって、英語が口から出てこなくなる場合もあります。そうならないようにも気をつけなければなりません。

　英語は私たちにとって、あくまでも外国語です。基本的な英文法のルールがわかれば、あとは実践あるのみです。そこで、本書では、英語をこれから学ぼうとする皆さんが、最低限知っておかなければならない、基本的なルールだけに絞り込みました。

　このくらいのルールをわかっておけば、あとは英語を使いながら、少しずつ、難しいことを覚えていけば大丈夫です。

　たくさん英語を暗記していたけれど、行き詰まっていた皆さん、また、どこから英語の勉強を始めて良いのかわからない皆さん、本書で学ぶ基礎英文法は、必ず皆さんの英語学習に役に立ちます。最後までがんばって勉強してくださいね。

安河内哲也

CONTENTS

本書の使い方

本書は英文法をゼロから学習するために作成された1冊です。ぜんぶで10の
セクション、42のUNITで構成され、鬼コーチこと安河内先生の講義スタイ
ルで楽しく学習が進められるようになっています。

UNITの学習法

例文
重要な文法項目を組み込んだ例
文です。何度も音読してしっか
り覚えてしまいましょう。DL
音声にも収録されています。

耳から総復習できる！
DL音声には例文のほか、解説のポ
イントが収録されています。聞く
だけで総復習ができます！

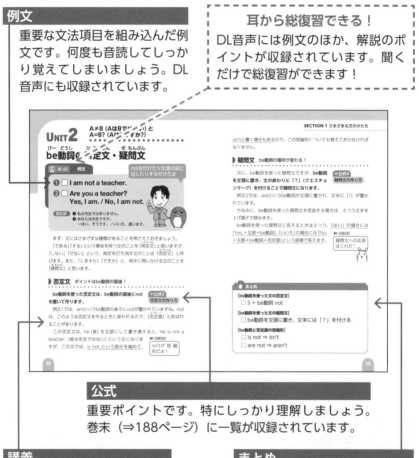

公式
重要ポイントです。特にしっかり理解しましょう。
巻末（⇒188ページ）に一覧が収録されています。

講義
「楽しく、わかりやすく」をモッ
トーにした解説です。英文法の
大切な基礎がはっきりくっきり
わかります！

まとめ
文法項目の図解や知識のまとめの
コーナーです。整理してアタマに
入れておきましょう。

復習エクササイズ

各セクションで学んだ文法知識がしっかり身に付いたかチェックしましょう。[Step1：4択英作文 ⇒Step2：穴埋め英作文 ⇒Step3：自力で英作文] という3つのステップで、アウトプット力も身に付きます！

それぞれのStepで、問題を解いたら答え合わせをして、間違えたところは必ずそのUNITに戻って復習しましょう。

問題文の和文と正解の英文はすべてDL音声に収録されていますので、何度も聞いて、声に出して、覚えてしまいましょう。

英文法公式102

UNITで学習した英文法のエッセンスをまとめたものです。復習のため、知識の確認のために利用しましょう。

不規則動詞100選

活用が不規則な必須動詞をまとめました。それぞれ、意味のほか、[原形−過去形−過去分詞形]を示してあります。

これも知っトク！ ちょこっと文法応用編

本編UNITでは取り上げなかったけど、知っておくとより英語を使う力が上がる8つの英文法トピックについて解説。

音声ダウンロードのやり方

STEP 1 商品ページにアクセス！　方法は次の3通り！

❶ QRコードを読み取ってアクセス。

ダイレクトにアクセス！

❷ https://www.jresearch.co.jp/book/b570169.html を入力してアクセス。

ダイレクトにアクセス！

❸ Jリサーチ出版のホームページ（https://www.jresearch.co.jp/）にアクセスして、「キーワード」に書籍名を入れて検索。

ホームページから商品ページへ

STEP 2 ページ内にある「音声ダウンロード」ボタンをクリック！

STEP 3 ユーザー名「1001」、パスワード「25151」を入力！

STEP 4 音声の利用方法は2通り！　学習スタイルに合わせた方法でお聴きください！

❶ 「音声ファイル一括ダウンロード」より、ファイルをダウンロードして聴く。

❷ ▶ボタンを押して、その場で再生して聴く。

※ダウンロードした音声ファイルは、パソコン・スマートフォンなどでお聴きいただくことができます。一括ダウンロードの音声ファイルは .zip 形式で圧縮してあります。解凍してご利用ください。ファイルの解凍が上手く出来ない場合は、直接の音声再生も可能です。

音声ダウンロードについてのお問合せ先
toiawase@jresearch.co.jp （受付時間：平日9時〜18時）

INTRODUCTION
文法の基礎をもう一度

さあ、それではさっそく文法レクチャーを始めましょう。
みなさんは文法の基礎をどれくらい覚えているでしょうか。
まずすべての学習の基礎になる知識をおさらいしておきましょう。
「品詞の種類」、「よく使う文法用語」、「代名詞」について簡単に
見ていきます。基本的なものばかりなので、自分の知らないもの
を復習するつもりで読んでいきましょう。

● どんな品詞があるの?

● 基本的な文法用語を知っておこう

● 代名詞を覚えておこう

　英文法を学ぶには、まず、英文を構成するそれぞれの要素である「品詞」がわかっていなければいけません。「そこまで基礎から？」と思うかもしれませんが、「品詞が何か」ということがわからないまま英文法の勉強をしても、あいまいな理解のままに終わってしまいます。

　そこで、英文法の勉強に入る前に、今から品詞を1つひとつていねいに押さえていくことにしましょう。

名詞 noun

　名詞というのは、「ものの名前を表す」言葉です。

　この名詞には、2種類あり、1つは「可算名詞」、もう1つは「不可算名詞」です。

　可算名詞とは、数えられる名詞のことです。 この可算名詞には、ふつう、1つ（単数形）の場合はa（またはan）という言葉が前に付き、複数形の場合、たくさんものがある場合、sという文字が最後に付きます。このsのことを「複数形のs」と言います。そして、aやanのことを「冠詞」と言います。

　不可算名詞とは、水とかミルクとかチーズのように、数えられない名詞のことです。 この不可算名詞には、aやsを付けることはできません。辞書などで、可算名詞はC（countableの略）、不可算名詞はU（uncountableの略）という記号で表します。

☐ cat　　　ネコ (C)
☐ water　　水 (U)

冠詞 article

　冠詞とは、「名詞の前に置かれている、a、an、theのこと」を言います。

　aやanは「他にもたくさんあるけれど1つ」という場合に使われ、後に続く名詞の最初の音が母音の場合にanを使います。

　theは「それしかない」、「例の」という場合に使われます。

□a cat　　　　1匹のネコ
□an apple　　1個のリンゴ
□the desk　　その机

動詞 verb

　動詞とは、「ものの動きや状態を表す」言葉です。

　動詞には、「be動詞」と「一般動詞」の2種類があります。

　be動詞は、イコールの働きをして、「である」といった意味を表し、一般動詞は、「走る」「泳ぐ」といった具体的な動作や状態を表します。

□is　　　　である
□run　　　走る

形容詞 (けいようし) adjective

形容詞は、「名詞を飾る」言葉です。

例えば、a beautiful girl（美しい女の子）という表現では、beautifulという言葉が、女の子の様子を説明しています。つまり、女の子を飾っているわけですね。

このように名詞を修飾する言葉のことを形容詞と言います。

- [ ] beautiful　美しい
- [ ] bitter　苦い

副詞 (ふくし) adverb

形容詞との区別がまぎらわしいのが副詞ですが、**副詞は「名詞以外のさまざまなものを修飾することができる」言葉です。つまり、副詞は、動詞や形容詞や文全体を修飾することができる言葉なのです。**

例えば、He runs fast.（彼は速く走る）という文では、fastという副詞は、どの言葉を飾っているでしょうか。「速く⇒彼」ではなく、「速く⇒走る」というように、動詞のrunsを飾っていますね。

このように動詞を修飾する言葉は、形容詞ではなくて、副詞なのです。

もう1つ例を見てみましょう。

She is a very beautiful girl.（彼女はとても美しい女の子だ）という文で、veryという言葉はどの言葉を飾っているでしょうか。「とても⇒女の子」ではなく、「とても⇒美しい」ですよね。「美しい」という言葉は形容詞ですから、この形容詞を修飾するveryは副詞ということになります。

このように、名詞以外のさまざまな品詞を修飾するのが副詞なのです。

☐ fast　　速く
☐ very　　とても

だいめいし
代名詞 pronoun

　代名詞とは、日本語でいう「それ」「あれ」に当たる言葉で、名詞が反復するのを避けるために使われます。

☐ it　　それ
☐ he　　彼

じょどうし
助動詞 auxiliary verb

助動詞とは、文字通り「動詞を助ける」言葉です。

　例えば、I can play tennis.（私はテニスをすることができる）という文では、canという言葉が助動詞です。

　このcanという言葉は、playという動詞の前に置かれ、「テニスをする」という動作に「できる」という可能の意味を加えています。

　このように、動詞に意味を付け加え、動詞を助ける言葉を助動詞と言います。

☐ can　　できる
☐ may　　かもしれない

疑問詞 interrogative word
（ぎもんし）

　疑問詞とは、「どこ」や「いつ」のように、「何らかの情報を尋ねる場合に使う」言葉です。

　例えば、Where do you live?（あなたはどこに住んでいますか）という文の中では、whereという疑問詞を使い、「どこ」という場所に関する情報を問いかけていますね。

- [ ] where　　どこ
- [ ] what　　　何

前置詞 preposition
（ぜんちし）

　前置詞とは、「名詞の前に置かれ、場所や時などを表す働きをする」言葉です。

　例えば、I play in the park.（私は公園で遊ぶ）という文の中で、inという言葉が前置詞ですが、これは「公園の中で」というように、場所を表す働きをしています。

　「前置詞+名詞」のかたまりは、大きな形容詞の働きをすることもできれば、大きな副詞の働きをすることもできます。

- [ ] in　　　　〜の中で
- [ ] at　　　　〜で

せつぞくし
接続詞 conjunction

接続詞とは、文字通り「言葉と言葉を接続する」つなぎ言葉です。

例えば、cats and dogs（ネコと犬）という表現では、and（…と…）という接続詞が、catsとdogsという2つの名詞をつないでいますね。

また、When I play tennis, I get tired.（私がテニスをするとき、私は疲れる）という文では、when（するとき）という接続詞が、コンマではさまれた2つの文と文をつなぐ働きをしています。

このように接続詞は、さまざまなものをつなぐ働きをするのです。

☐ and　　　…と…
☐ when　　するとき

 and

基本的な文法用語を知っておこう──

それでは次に、英文法を学ぶ際に必要な用語を学習しましょう。文法用語は使いこなせると意外と便利なツールなのですよ。

主語 (しゅご) subject

主語は、「〜が」「〜は」に当たる言葉で、文の先頭に置かれます。

英語で主語になるのは、「名詞」「名詞句」など、名詞の働きをする要素のみです。

主語は、Sという記号を使って表します。

述語動詞 (じゅつごどうし) predicate verb

述語動詞は、「する」「である」に当たる言葉で、主語の直後に置かれます。述語動詞の部分には、必ず動詞が使われます。

述語動詞は、Vという記号を使って表します。

修飾する modify
（しゅうしょく）

「修飾する」というのは、「形容詞が名詞を飾ったり、副詞が動詞やさまざまな品詞を飾ったりする」ことです。

英文法では、この「飾る」「説明する」ことを、「修飾する」という言葉を使って表します。

語／句／節／文
（ご／く／せつ／ぶん）
word/phrase/clause/sentence

「語」というのは、1語の単語のことです。例えば、cat（ネコ）は、1単語なので語ということになります。

「句」というのは、2語以上の単語が合わさってできている、ひとかたまりの言葉のことです。

例えば、high school student（高校生）は、3つの単語が組み合わさってできている「句」になります。この句は、名詞の働きをするものなので、これを「名詞句」と言っています。

「節」は、主語と述語、つまりSVでできているひとかたまりの言葉のことです。

「文」とは、大文字の言葉で始まり、ピリオドが打たれるまでのすべてを指します。

例えば、I think that he is wise.（私は、彼が賢いと思う）は、ピリオドで終わっている「文」ですが、この文の中には、I thinkという、主語・述語のかたまりと、(that) he is wiseという、主語・述語のかたまりがあります。このかたまりが「節」に当たります。

文の種類

「である」「する」という意味を持つ文のことを「肯定文」と言います。また、「しない」「でない」という、肯定を打ち消す文のことを「否定文」と言い、「しますか」「ですか」と、問いかける文のことを「疑問文」と言います。

準動詞

「不定詞」「動名詞」「分詞」「分詞構文」のことをまとめて「準動詞」と呼びます。

これらは、動詞の形をいろいろと変化させることによって、動詞以外のさまざまな品詞の働きを作り出す装置なのです。

「不定詞」は、動詞をto Vという形に変え、名詞や形容詞や副詞の働きをさせることができます。

「動名詞」は、動詞をVingという形に変え、名詞の働きをさせることができます。

「分詞」は、動詞をVingやVppという形に変え、形容詞の働きをさせることができます。

「分詞構文」は、動詞をVingやVppという形に変え、副詞の働きをさせることができます。

文法要素の略号

S	主語
V	動詞
O	目的語
C	補語
Vp	過去形
Vpp	過去分詞形
Ving	現在分詞、動名詞
to V	不定詞
SV	文・節(主語+述語)

本書の記号	
( )	省略可能
[ ]	言い換え可能
A, B	品詞に関係なく対になる要素
～ (英文中)	名詞
… (英文中)	形容詞・副詞・その他

基礎5文型	
SV	第1文型
SVC	第2文型
SVO	第3文型
SVOO	第4文型
SVOC	第5文型

☞解説は pp.78 ～ 83

代名詞を覚えておこう

❶ ☐ **My hair is longer than yours.**
❷ ☐ **It is very hot today.**

例文訳 ❶ 私の髪はあなたのより長い。
❷ 今日はとても暑い。

1つの人称に4つの形がある

　ひと口に「代名詞」と言っても、さまざまな形があります。

　例えば、**「私」に関する代名詞には、I、my、me、mineという4つの形があります。**

　最初のIは「主格」と呼ばれる形で、「私は」「私が」という意味を持ち、主語の部分に置いて使われます。

　2番目のmyという形は「所有格」と言って、「私の」という意味になる場合に、名詞の前に置かれて使う形です。

　3番目のmeは「目的格」と言って、動詞や前置詞の後ろに置かれ、「私に」「私を」という意味で使われる形です。

　最後のmineは「もの」という意味を含み、「私のもの」という、1つの名詞のように用いることができる「所有代名詞」という形です。

自然に使えるように覚えてしまおう

　例文1では、hair（髪）という名詞の前に、「私の」という意味を持つ所有格のmyが置かれており、文の終わりには、「あなたのもの」という意味の所有代名詞であるyoursが使われていますね。

　これら代名詞の活用は、何度も声に出して「代名詞一覧表」（⇒24ページ）を読み上げることによって、しっかりと覚えてしまわなければなりません。

　例文2で使われているItも代名詞です。ただし、ここで使われているitには、「それ」という意味はありません。

　この場合、ばく然と温度を指す主語として使われています。itという代名詞は、**「それ」という意味以外に、状況や天気、時間、距離などのばく然としたものを表す場合にも使われることがあるのです。**

代名詞一覧表

	主格 (〜は)	所有格 (〜の)	目的格 (〜に/を)	所有代名詞 (〜のもの)
一人称	I（私）	my	me	mine
	we（私たち）	our	us	ours
二人称	you（あなた）	your	you	yours
	you（あなたたち）	your	you	yours
三人称	he（彼）	his	him	his
	she（彼女）	her	her	hers
	it（それ）	its	it	
	they（彼ら）	their	them	theirs

✍ 名詞の場合は、それぞれTom - Tom's - Tom - Tom's（独立所有格）
となります。

SECTION 1

● ●

さまざまな文のかたち

このセクションでは、ズバリ英語の基礎の基礎、動詞や文の種類を勉強しましょう。英語の動詞には大きく分けて「be動詞」と「一般動詞」の2種類があります。簡単なことのようですが、実は英語を読んだり書いたりするときに、この2つを混同してしまうことがたいへん多いのです。特に、「ない」とうち消す場合の「否定文」、「ですか」と問いかける場合の「疑問文」の作り方に関して、最初にこの2つを分けて勉強するのが大切ですね。

be動詞と一般動詞の区別

DL DL-02　例文

主語によって
動詞の形が変わるよ

❶ ☐ He is a high school student.

❷ ☐ I play tennis.

例文訳　❶ 彼は高校生だ。
　　　　❷ 私はテニスをする。

▶ be動詞　A is B は A ＝ B

　英文法の学習を始める上でとても大切なのが、「be動詞」と「一般動詞」
の区別です。

　例文1で使われている動詞はisですが、ここでは、**「である」「です」**
という意味で使われています。このような意味で　⇐公式1
使われる動詞は、動詞の左右にあるものがイコー　be動詞の働き
ルである、ということを表す働きをします。

　こうした働きをする動詞のことを、「be動詞」と呼んでいます。

　このbe動詞は主語によって形が変わるので、注意が必要です。heの
ときにはisを使いますが、Iのときはamを、you　← CHECK!
のときはareを使います。

　主語とbe動詞の対応は何度も声に出してきちん　主語によって
と暗記しておかなければなりません。　　　　　　　形が変わるよ！

▶ 一般動詞　be動詞以外の動詞…いっぱいある

　例文2で使われている動詞はplayですが、このようなbe動詞以外の動詞のことを「一般動詞」と呼びます。

　一般動詞は、Iやyou、あるいはwe（私たち）が主語の場合には、そのままの形で、主語の直後に置いて使います。

⇐公式2
一般動詞の使い方

　ただし、he（彼）やshe（彼女）、またTomなどの単数の第三者（三人称単数）、つまり、Iとyouと複数形以外を表す言葉を主語として使う場合には、一般動詞の終わりにsを付けなければなりません。

◀ CHECK!

三単現なら
sが必要！

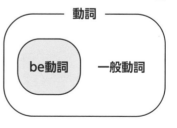

　例文2を、Heを主語にして書き換えると、He plays tennis.（彼はテニスをする）というように動詞を変えなければなりません。

　このようなsのことを、「三単現（三人称単数現在）のs」と呼びます。

🐧 まとめ

【現在形のbe動詞の活用】

主語	be動詞
I	am
you	are
he / she / it	is
we / they	are
Tom	is

【三人称単数の主語で形が変わる一般動詞】

☐ have　has

【ひと目でわかる！動詞の世界】

― 動詞 ―

be動詞　　一般動詞

UNIT2

A≠B（AはBではない）と
A=B?（AはBですか？）

be動詞の否定文・疑問文

DL-03　例文

> notを付けたり主語の前に
> 出したりするだけだよ

❶ ☐ I am not a teacher.

❷ ☐ Are you a teacher?
　Yes, I am. / No, I am not.

例文訳　❶ 私は先生ではありません。
　❷ あなたは先生ですか。
　　→はい、そうです。／いいえ、違います。

まず、文にはさまざまな種類があることを押さえておきましょう。

「である」「する」という意味を持つ文のことを「肯定文」と言いますが、「しない」「でない」という、肯定を打ち消す文のことは「否定文」と呼びます。また、「しますか」「ですか」と、相手に問いかける文のことを「疑問文」と言います。

▶ **否定文**　ポイントはbe動詞の直後！

be動詞を使った否定文は、be動詞の直後にnot を置いて作ります。

⇐**公式3**
否定文の作り方

例文1では、amというbe動詞の後ろにnotが置かれていますね。not は、このような否定文を作るときに使われるので、「否定語」と呼ばれることがあります。

この否定文は、he（彼）を主語にして書き換えると、He is not a teacher.（彼は先生ではない）という文になりますが、この文では、is not という部分を縮めて、

← CHECK!

isn'tが短縮
形だよ！

isn'tと書く場合もあるので、この短縮形についても覚えておかなければなりません。

▶ 疑問文　be動詞の場所が変わる！

次に、be動詞を使った疑問文ですが、**be動詞を文頭に置き、文の終わりに「？」（クエスチョンマーク）を付けることで疑問文になります。**

⇐公式4
疑問文の作り方

例文2では、areというbe動詞が文頭に置かれ、文末に「？」が置かれています。

ちなみに、be動詞を使った疑問文を発音する場合は、ふつう文末を上げ調子で読みます。

be動詞を使った疑問文に答えるときはふつう、「はい」の場合には「Yes,＋主語＋be動詞」、「いいえ」の場合には「No,＋主語＋be動詞＋否定語」という語順で答えます。

← CHECK!

疑問文への応答
はこれだ！

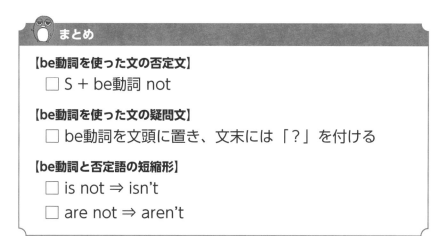

まとめ

【be動詞を使った文の否定文】
　□ S ＋ be動詞 not

【be動詞を使った文の疑問文】
　□ be動詞を文頭に置き、文末には「？」を付ける

【be動詞と否定語の短縮形】
　□ is not ⇒ isn't
　□ are not ⇒ aren't

UNIT 3 「Aは～しない」と「Aは～しますか?」

一般動詞の否定文・疑問文

DL-04　例文

do / doesを
使って作るんだ

❶ ☐ **I do not like movies.**

❷ ☐ **Do you like movies?**
Yes, I do. /
No, I do not [don't].

例文訳　❶ 私は映画が好きではない。
❷ あなたは映画が好きですか。
→はい、好きです。／いいえ、好きではありません。

▶ 否定文　ポイントは主語と動詞の間！

　一般動詞を使った否定文は、主語と一般動詞の　⇐公式5
間にdo notという表現を置いて作ります。　否定文の作り方

　例文1は、主語のIと、動詞のlikeの間に、do notという表現が置か
れている否定文ですね。

　このdo notは、短縮してdon'tと言うこともできます。

　一般動詞の否定文では、主語がheやshe、Tomのような三人称単数
の場合が要注意です。

　三人称単数の名詞が主語の場合、肯定文では、He likes movies.とい
うように、動詞の後ろに三単現のsが付きましたね。

　この三単現のsが動詞に付く場合は、He does not　⬅ CHECK!
like movies.というように、do notではなく、does
notという表現を使わなければならないのです。　三単現ならdoes
notだよ！

　このdoes notを使った場合には、動詞に付い

ている三単現のsはとれてしまい、動詞は元の形に戻ることに注意しましょう。決してHe does not likes 〜という表現にはなりません。

does notも短縮して、doesn'tと言うことができます。

▶ **疑問文** ポイントは主語の前と文末にあり！

一般動詞を使った文の疑問文は、主語の前にdo という言葉を置き、文末に「？」を付けて作ります。 ⇐公式6 疑問文の作り方

発音するときは、ふつう文末は上げ調子で読みます。例文2は、you という主語の前にdoを置き、文末に「？」を付けた疑問文です。

この疑問文には、例文2の答え方で返事をします。

疑問文でも、三人称単数の名詞が主語の場合が要注意です。

例えば、He likes movies.という文を疑問文にするには、doではなく、doesを文頭に出し、動詞に付いていた三単現の s をとって、Does he like movies?としなければなりません。

この疑問文に対する答えは、Yes, he does.あるいはNo, he does not[doesn't].となります。 ◀ CHECK!

doesの疑問文への応答

🐧 **まとめ**

【一般動詞の否定文】
　☐ S + do not [don't] + V
　☐ S（三人称単数）+ does not [doesn't] + V

【一般動詞の疑問文】
　☐ Do + S + V?
　☐ Does + S（三人称単数）+ V?

【否定形の短縮形】
　☐ do not ⇒ don't 　　does not ⇒ doesn't

疑問詞を使った疑問文

DL-05 **例文**

具体的な情報を聞き
たいときに使おう

❶ ☐ **Where do you live?**

❷ ☐ **Who lives here?**

例文訳 ❶ あなたはどこに住んでいますか。
❷ だれがここに住んでいますか。

▶ 疑問詞　さまざまな聞きたい情報に対応できる！

疑問文には、「はい」「いいえ」というどちらかの返事を求める疑問文
と、具体的な情報を求める疑問文があります。

**何らかの情報が欲しい場合、後者の疑問文を使
いますが、この疑問文は、「疑問詞」を使って作
ることができます。**

⇐公式7
疑問詞疑問文の
働き

例文の文頭に見える、**where（どこ）、who（だ
れ）**が「疑問詞」と呼ばれる言葉です。

⇐公式8
疑問詞とは

▶ 疑問詞を使った疑問文　作り方は2通り！

疑問詞を使った疑問文は、使う疑問詞によって、作り方が少し違って
きます。

例文1で使われている<u>where（どこ）、when（い
つ）、why（どうして）、how（どのように）</u>のよ
うな疑問詞を使う場合は、ふつう直後に疑問文を
置きます。

◀ CHECK!

疑問詞の直後に
疑問文が
続く場合

例文2で使われているwho（だれ）、which（どちら）などの疑問詞の場合は、直後に動詞を置くことも、疑問文を置くこともできます。

← CHECK!

疑問詞の直後に動詞か疑問文が続く場合も

例文では、whoの後ろに動詞を置いていますが、whoやwhichなどの疑問詞は、三人称単数の主語だと考えられるので、直後の動詞には三単現のsを付けなければなりません。

疑問詞を使った疑問文を発音するときは、文末は上げ調子にはせず、下げ調子で読みます。

← CHECK!

会話で大切だよ！

👀 **まとめ**

【疑問詞を使った疑問文の作り方】

☐ where（どこ）
☐ when（いつ）
☐ why（どうして）
☐ how（どのように）

⎫
⎬ ふつう直後に疑問文
⎭

☐ who（だれ）
☐ which（どちら）
☐ what（何）

⎫
⎬ ふつう直後に動詞や疑問文
⎭

UNIT 5

付加疑問文

「〜ですね」と念を押したいときなどに使うんだ

❶ ☐ You are a dentist, aren't you?

❷ ☐ He doesn't live here, does he?

例文訳　❶ あなたは歯科医ですよね。
❷ 彼はここに住んでいませんよね。

　日本語でいう、「だよね」「しますよね」といった、軽い疑問や念押しを表す場合、英語では、「付加疑問文」という形を使います。

⇐公式9
付加疑問文の働き

　付加疑問文は、付加疑問文（例文1のaren't you?のような形）を付け加える文によって、動詞の形や主語が決まってきます。

▶付加疑問文の作り方　前の文の形／動詞の種類に注目！

　まず、前の文が、肯定文か否定文かに注目します。
　前の文が肯定文の場合には「否定の付加疑問文」を、否定文の場合には「肯定の付加疑問文」を付けなければなりません。

⇐公式10
前の文が肯定文か
否定文か

　次に見るべきなのは、前の文で使われている動詞の種類です。動詞の種類がbe動詞の場合は、付加疑問文の動詞もbe動詞です。また、一般動詞が使われている文では、doやdoesを使った付加疑問文を作らなければな

◀ CHECK!

be動詞か一般動詞かで違うよ！

りません。

こうして決まった動詞の形の後ろに、前の文で使われている主語の代名詞を置き、文末に「？」を付ければ、付加疑問文の完成です。付加疑問文の前にコンマを付けて、元々の文の末尾に付け加えましょう。

例文1では、前の文が、areというbe動詞を使った肯定文なので、aren'tというbe動詞を使った否定の付加疑問文が使われています。

例文2では、前の文が、liveという一般動詞が使われている否定文で、主語は三人称単数なので、doesを使った肯定の付加疑問文が使われています。

▶ 助動詞を含んだ付加疑問文　助動詞はそのまま使う！

ちなみに、前の文が助動詞を使っている場合、付加疑問文でもその助動詞を使わなければなりません。

← CHECK!

助動詞は
そのまま！

例えば、Tom can play the piano.（トムはピアノが弾ける）のように、canという助動詞を使った文に付加疑問文を付けると、Tom can play the piano, can't he?（トムはピアノが弾けますよね）という文になるので、注意しておきましょう。また、付加疑問文の主語は代名詞を使うので、can't he?をcan't Tom?とは言いません。

🦉 まとめ

【付加疑問文の付け加え方】

☐ 前の文が肯定文の場合　⇒「…, ＋ 否定の付加疑問文」

☐ 前の文が否定文の場合　⇒「…, ＋ 肯定の付加疑問文」

【付加疑問文を作るときの注意点】

☐ 前の文で使われている動詞、助動詞の種類に合わせる！

☐ 前の文で使われている主語の代名詞を使う！

めいれいぶん
命令文

DL-07　例文

動詞の原形で始めればいいよ

① ☐ **Be quiet!**
② ☐ **Don't enter the room.**

例文訳　❶ 静かに！
❷ 部屋に入るな！

　命令文とは、人に「Vしろ」「Vするな」「Vしてください」と言いたい場合に使われる文のことです。まず、**「Vしろ」という意味の命令文では、文頭に原形動詞が置かれます。**

⇐公式11
命令文の基本

　命令文の主語は「あなた」もしくは「あなたがた」ということはわかりきっていますから、ふつうyouという主語を書きません。

　例文1では、beという言葉が文頭に置かれていますが、これはamやareなどのbe動詞の原形です。

　一般動詞を使った命令文であれば、Enter the room.（部屋に入りなさい）というようにも表現することができます。この場合でも、文頭には、enterという一般動詞の原形が使われています。

▶ **否定の命令文**　文の前に○○を置く！

　このような命令文を「Vするな」という意味の否定文にするにはどうすればよいでしょうか。**命令文を否定文にするには、動詞の種類にかかわらず、Don'tを命令文の前に置きます。**

⇐公式12
否定するには

　例文2では、Enter the room.という命令文の前にDon'tが置かれています。これで「部屋に入るな」という否定の命令文ができます。

　be動詞を使った命令文を否定する場合にも、beの前にDon'tを置きます。例えば、例文1を否定文にすると、Don't be quiet.（静かにしていてはダメですよ）という形になります。

▶ ていねいな命令文　文の前か後ろに「あるモノ」を置くだけ！

　また、命令文を、「Vしてください」というように、よりていねいな表現にすることもできます。**この場合、命令文の前後にpleaseという言葉を置きます。**

←公式13
ていねいに言うには

　例えば、ただ「静かにしろ」と言うよりも、よりていねいに「静かにしてください」と言いたい場合には、Please be quiet.あるいは、Be quiet, please.と表現すればよいのです。

　このていねいな命令文を表記する場合、pleaseが文頭に置かれたときは、コンマは必要ありませんが、<u>文末に置かれたときは、命令文の後にコンマを置き、その後ろにpleaseを置くので、注意しておきましょう。</u>

← CHECK!

書くときに
注意しよう！

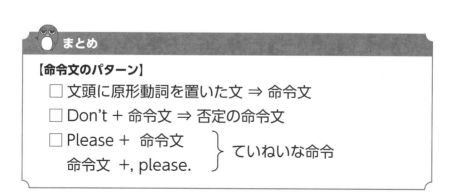

😮 まとめ

【命令文のパターン】

□ 文頭に原形動詞を置いた文 ⇒ 命令文

□ Don't ＋ 命令文 ⇒ 否定の命令文

□ Please ＋ 命令文
　命令文 ＋, please.　｝ていねいな命令

Step 1　4択スピーキング！

・・・・・・・・・・・・・・・・・・・・・・・・・・・・・・・・・・・・・・・

◼️◼️◼️の中に入るのに適切な語句を①〜④の中から選んで全文を声に出して
言ってみましょう！

1 He ▢▢▢ a junior high school student.

① is ② are ③ am ④ be

2 He ▢▢▢ music.

① like ② are like ③ likes ④ do like

3 I ▢▢▢ a junior high school student.

① not be ② are not ③ is not ④ am not

4 ▢▢▢ angry? — Yes, I am.

① Are they ② Is he ③ Is she ④ Are you

5 ▢▢▢ Mike study Japanese? — No, ▢▢▢ .

① Are – I'm not ② Do – I don't ③ Is – he isn't

④ Does – he doesn't

6 She ▢▢▢ like bananas.

① don't ② isn't ③ doesn't ④ not

解答・解説

1 **正解：** ① He (is) a junior high school student. ☞**UNIT 1**

訳 彼は中学生だ。

> 主語がheの時、be動詞はis。

2 **正解：** ③ He (likes) music. ☞**UNIT 1**

訳 彼は音楽が好きだ。

> 「好きである」を表す動詞はlike。主語がheのため、三人称単数現在のsをつける。

3 **正解：** ④ I (am not) a junior high school student.

訳 私は中学生ではありません。 ☞**UNIT 2**

> 主語がIの時、be動詞はam。am notは短縮形はない。

4 **正解：** ④ (Are you) angry? — Yes, I am. ☞**UNIT 2**

訳 あなたは怒っていますか？―はい。

> 答えの部分でIとなっているので、疑問文ではyou「あなたは」を用いる。

5 **正解：** ④ (Does) Mike study Japanese?
— No, (he doesn't). ☞**UNIT 3**

訳 マイクは日本語を勉強しますか？―いいえ。

> 主語がMike、一般動詞studyがあるので、最初の空所はDoes。また、Mikeは
> 通常男性の名前なので、答える時にはheを用いる。

6 **正解：** ③ She (doesn't) like bananas. ☞**UNIT 3**

訳 彼女はバナナが好きではありません。

> 主語がsheで一般動詞likeがあるので、doesn'tが正解。

7 ▨ do they live? — They live in New York.

① How ② Where ③ When ④ What

8 ▨ do you eat for breakfast? — A sandwich.

① Which ② What ③ When ④ Where

9 He is a comedian, ▨ ?

① aren't you ② isn't he ③ don't you ④ doesn't it

10 He doesn't drive a car, ▨ ?

① does he ② doesn't he ③ isn't he ④ don't you

11 ▨ home, please.

① Stay ② Stays ③ Be stay ④ Is Stay

12 ▨ me.

① Please helps ② Please help ③ Help please
④ Helps please

解答・解説 DL-09

7 **正解：②** (Where) do they live?
— They live in New York. ☞**UNIT 4**

訳 彼らはどこに住んでいますか？―ニューヨークに住んでいます。

> in New York（ニューヨークに）とあるので、場所を問うWhereが正解。

8 **正解：②** (What) do you eat for breakfast?
— A sandwich. ☞**UNIT 4**

訳 あなたは朝食に何を食べますか？―サンドイッチです。

> A sandwich（サンドウィッチ）とあるので、食べている物を尋ねていることが分かる。

9 **正解：②** He is a comedian, (isn't he)? ☞**UNIT 5**

訳 彼はコメディアンですね？

> 前の文が肯定文で、動詞はisなので、付加疑問文はisn't＋主語。

10 **正解：①** He doesn't drive a car, (does he)? ☞**UNIT 5**

訳 彼は車を運転しないのですね？

> 前の文が否定文で、doesn'tが用いられているため、付加疑問文はdoes＋主語。

11 **正解：①** (Stay) home, please. ☞**UNIT 6**

訳 家にいてください。

> 一般動詞の命令文は文頭に動詞の原形を用いる。この場合はstay（滞在する）。

12 **正解：②** (Please help) me. ☞**UNIT 6**

訳 私を助けてください。

> 一般動詞の命令文ではPlease＋動詞の原形 ～ .を用いる。

Step 2 穴埋めスピーキング！

日本語の文を見て、 ■■■■ の中に適切な英語を入れて全文を言ってみましょう！

1 彼らは科学者ではありません。

They ■■■■ scientists.

2 ホワイト氏はピアノを演奏しません。

Mr. White ■■■■ ■■■■ the piano.

3 彼女は、映画が好きですか？—はい。

■■■■ she like movies? — Yes, she does.

4 彼はどのように英語を学んでいるのですか？

■■■■ does he study English?

5 ケンは中国語を話すことができるのですね？

Ken can speak Chinese, ■■■■ ■■■■ ?

6 座ってください。

Please ■■■■ ■■■■ .

解答・解説 DL-10

1 They (aren't) scientists. ☞**UNIT 2**

訳 彼らは科学者ではありません。

　　主語がtheyの時、be動詞はare。否定文なので、aren't。

2 Mr. White (doesn't) (play) the piano. ☞**UNIT 3**

訳 ホワイト氏はピアノを演奏しません。

　　主語がMr. White（ホワイト氏）なので、doesn'tを用いる。Mr.は男性の敬称
　　として用いる。

3 (Does) she like movies? — Yes, she does. ☞**UNIT 3**

訳 彼女は、映画が好きですか？—はい。

　　主語がshe、一般動詞のlikeがあるのでdoesを用いる。

4 (How) does he study English? ☞**UNIT 4**

訳 彼はどのように英語を学んでいるのですか？

　　「どのように」と尋ねているため、howが正解。

5 Ken can speak Chinese, (can't) (he)? ☞**UNIT 5**

訳 ケンは中国語を話すことができるのですね？

　　前の文が主語をKenにした肯定文であり、動詞部分に助動詞canがあるので、付
　　加疑問文はcan't＋主語。付加疑問文では人称代名詞を用いるのが一般的なので、
　　heを用いる。

6 Please (sit) (down). ☞**UNIT 6**

訳 座ってください。

　　sitは「座る；着席する」という意味の一般動詞。

Step 3 自力でスピーキング！

日本語を見て、英文を作って言ってみましょう！

1 I'm ⬛⬛⬛⬛⬛⬛⬛⬛⬛⬛⬛⬛⬛⬛ .

（私は 教師 です）

2 He ⬛⬛⬛⬛⬛⬛⬛⬛⬛⬛⬛⬛⬛⬛ .

（彼は 親切 ではありません）

3 Does Nancy ⬛⬛⬛⬛⬛⬛⬛⬛⬛⬛⬛ ?

（ナンシーは 日本語を勉強 しますか）

4 What ⬛⬛⬛⬛⬛⬛⬛⬛⬛⬛⬛⬛⬛ ?

（何を あなたは日曜日にしますか）

5 Your mother ⬛⬛⬛⬛⬛⬛⬛⬛⬛⬛ ?

（あなたのお母さんは 親切ですね？）

6 Be ⬛⬛⬛⬛⬛⬛⬛⬛⬛⬛⬛⬛ , please.

（気を付けて ください）

解答例・解説

1 I'm a teacher.

☞**UNIT 1**

> 「生徒」ならa studentが、「科学者」ならa scientistが、「空腹」ならhungryという形容詞が入る。ほかにもいろいろ入れ替えて作文してみよう！

2 He is not[isn't] kind.

☞**UNIT 2**

> 「疲れて」なら形容詞のtiredが入ります。もちろん「教師(a teacher)」や「女子(a girl)」などの名詞も入れられます。

3 Does Nancy study Japanese?

☞**UNIT 3**

> Does Nancyとあるので、一般動詞の原形を続ける。「犬が好き(like dogs)」や「サッカーをする(play soccer)」などいろいろ書いてみよう！

4 What do you do on Sundays?

☞**UNIT 4**

> 「彼は朝食に何を食べますか？」ならWhat does he eat for breakfast?と、doesを使って文を作ります。

5 Your mother is kind, isn't she?

☞**UNIT 5**

> 扱われる動詞によって、付加疑問文も異なることに注意すること。また、your motherは、付加疑問文では、sheにする。「中国語を勉強するのですね？」ならstudies Chinese, doesn't she?と、「忙しくないのですね？」ならisn't busy, is she? となる。

6 Be careful, please.

☞**UNIT 6**

> 一般的に、be動詞の後ろには形容詞や名詞が置かれる。「正直でいて」ならhonestを、「静かにして」ならquietを入れればOK！

必勝パターン①

be動詞と一般動詞に分けて、
頭の中を整理するのが、
動詞をマスターするコツだよ！

SECTION 2

時制と時間表現

このセクションでは、過去に起こった出来事や、未来に起こるで
あろう出来事の表し方を勉強します。過去の出来事を表現する場
合には「**過去形**」という形を使いますが、be動詞と一般動詞で表
現の方法が大きく違ってきますから注意しましょう。また、動詞
の活用の仕方を、書いたり読んだりしてしっかりと暗記すること
が大事です。未来のことを表すには、willという助動詞を使う場
合と、be going to Vという形を使う場合があります。否定文や
疑問文の作り方も合わせてマスターしましょう。

UNIT 7 「AはBだった」と、昔の状態を表す!

be動詞の過去形（かこけい）

DL-12　例文

> 「〜だった」と言いたいときに使おうね

❶ ☐ I was a lazy worker.

❷ ☐ You were not funny.

❸ ☐ Were you tired then?
Yes, I was. /
No, I was not [wasn't].

例文訳　❶ 私は怠惰な労働者だった。
❷ 君はおもしろくなかった。
❸ あなたはそのとき疲れていましたか。
　→はい、疲れていました。／いいえ、疲れていませんでした。

▶ be動詞を過去形に変化させる　その種類は2種類!

　「だった」のように、過去にあった状態や出来事を表すには、「過去形（かこけい）」を使います。

　be動詞を使った文を過去形にするには、be動詞を過去形に変化させる必要があります。

　Iやhe、she、あるいはTomなどの単数の名詞が主語になる場合、be動詞にはwasを使い、youやthey、weなどの複数の名詞が主語になる場合にはwereを使います。

←公式14
be動詞の過去形は
2種類

　例文1は、be動詞の過去形を使った肯定文です。

48

▶ 否定文と疑問文　作り方の基本は現在形と同じ！

否定文を作る場合は、wereやwasの後ろにnotを置きます。

現在形と同じく、was notの場合はwasn'tと、were notの場合はweren'tと短縮されることがあるので、これらの短縮形も覚えておかなければなりません。

⇐公式15
否定文の作り方

例文2は、be動詞の過去形の否定文です。wereの直後にnotが置かれていますね。これもweren'tと表現することができます。

また、**疑問文を作る場合は、wasやwereを前に出し、文末に「？」を付けます。この文を発音するときには、文末は上げ調子で読みます。**

⇐公式16
疑問文の作り方

例文3は、be動詞の過去形の疑問文です。この疑問文に答えるときには、例文のように、be動詞の過去形を使って答えます。

🐧 まとめ

【be動詞の過去形の活用】

主語	be動詞
I	was
you	were
he / she / it	was
we / they	were
Tom	was

【否定の短縮形】

☐ was not ⇒ wasn't
☐ were not ⇒ weren't

一般動詞の過去形

DL-13 　例文

① ☐ **She looked at him.**
② ☐ **Tom broke the vase.**

動詞の変化には規則と不規則があるよ

例文訳 ① 彼女は彼を見た。
② トムは花瓶を壊した。

▶ 動詞を過去形にする　2種類の変化がある！

　一般動詞を使った文を過去形にするには、be動詞のときと同じく、動詞を「過去形」に変化させる必要があります。

　一般動詞の過去形の変化には、「規則変化」と「不規則変化」の2通りあり、動詞によって、どちらの変化をするかが決まっています。

　まずは**「規則変化」によって過去形を作る動詞**ですが、**規則変化する動詞の原形の後ろに、-edや-dを付けて過去形に変化させます。**

⇐公式17
規則変化の場合

　例文1の動詞はlookedですが、これはlook（見る）という動詞の原形に-edを付けることで、過去形の動詞に変化させていますね。

　もう1つの「不規則変化」ですが、これは動詞そのものの形が変化して過去形を表します。

　そのため、**動詞の形の変化を1つひとつしっかりと覚えておかなければなりません。**

⇐公式18
不規則変化の場合

　例文2で使われているbrokeの原形はbreak（壊す）ですが、この動詞はbreak - broke - brokenと活用します。

　このような活用表の2番目にある形が過去形 (Vp) です。3番目にあ

る形は、過去分詞形（Vpp）といい、後で勉強する現在完了形（⇒66ページ）で使われる重要な形です。

← CHECK!

動詞の活用に慣れておこう！

　不規則変化には、例文で使われた、break - broke - brokenのように、完全に3つとも形が違う動詞や、put - put - put（置く）のように、形がすべて同じ動詞など、さまざまなものがあります。

　不規則変化の動詞は、日常の表現でよく使うものが多いので、何度も声に出して読み、しっかり覚えておきましょう。

☞ **「不規則動詞100選」（196ページ）参照**

まとめ

【規則変化】

動詞の後ろに-edや-dを付けて過去形にするもの

☐ look – looked – looked

☐ like – liked – liked

【不規則変化】

動詞の形が変わってしまうもの／変わらないもの

⇒「原形－過去形－過去分詞形」の活用表を暗記する

☐ break – broke – broken

☐ put – put – put

UNIT 9 「Aは〜しなかった／しましたか？」

一般動詞の過去形（かこけい）の否定文・疑問文

DL-14　例文

didというのはdo・doseの過去形なんだ

❶ ☐ I did not call her.

❷ ☐ Did you see Bob?
Yes, I did. /
No, I did not[didn't].

例文訳 ❶ 私は彼女に電話をかけなかった。
❷ ボブを見ましたか。
→はい、見ました。／いいえ、見ませんでした。

▶ 否定文　主語と動詞の間にdid notを置く

　一般動詞の過去形の否定文は、主語と動詞の間
にdid notを置いて作ります。

⇐公式19
否定文の作り方

　didというのは、do・doseの過去形です。

　ここで注意しておかなければならないことは、did notを置いた場合、
過去形であった動詞が、原形に戻ることです。

　例文1では、Iという主語と、callという動詞の間にdid notが置かれ
ていますね。callの過去形はcalledですが、did notがあるため、動詞
は過去形ではなく、原形が使われているのがわかります。

　did notは、didn'tと短縮されて使われること
もあるので、この短縮形も覚えておきましょう。

◀ CHECK!

短縮形も覚えて
おこう！

▶ 疑問文　主語の前にdidを置く

　一般動詞の過去形の疑問文は、主語の前にdid
を置き、文末に「？」を付けて作ります。ここでも、
動詞は過去形ではなく、原形が使われます。

⇐公式20
疑問文の作り方

　この疑問文を発音するときは、現在形のときと同じく、文末は上げ調
子で読みます。

　例文2では、didが主語の前に置かれ、過去形であるsawではなく、
seeという原形の動詞が使われています。

　過去形の疑問文には、例文2のように答えます。

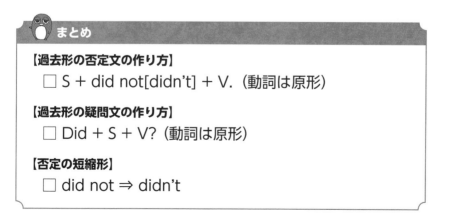

まとめ

【過去形の否定文の作り方】

□ S ＋ did not[didn't] ＋ V.（動詞は原形）

【過去形の疑問文の作り方】

□ Did ＋ S ＋ V?（動詞は原形）

【否定の短縮形】

□ did not ⇒ didn't

UNIT 10 「Aは〜する予定だ／つもりだ」

未来の表現

DL-15 例文

> 未来形には2つの作り
> 方があるからね

❶ ☐ I will go shopping today.

❷ ☐ I am going to visit
my parents next week.

例文訳　❶ 私は今日買い物に行きます。
　　　　❷ 私は来週、両親を訪ねるつもりです。

▶ 2種類の未来を表す形　willとbe going to

　ここでは未来にやろうとしていることを表す形を学んでいきましょう。

　主に2つの表現があります。

　1つは、**動詞の前にwillという助動詞を置き、その後ろに原形動詞を置く**表現です。例文1は、このwillを使った未来表現です。

⇐公式21
willを使う

　もう1つは、**「主語＋be動詞」の後ろにgoing to を置き、その後ろに原形動詞を置いた「be going to V」という形を使う**表現です。例文2は、この形で未来を表しています。これらの言葉を置くことで、未来の行動を表すことができるのです。

⇐公式22
be going toを使う

▶ 否定文と疑問文　willとbe動詞にnotをつけたり先頭に出したり…

　未来表現の否定文は、willを使った文の場合、willの後ろにnotを置き、「be going to V」の文

◀ CHECK!
否定文の作り方

の場合、be動詞の後ろにnotを置いて作ります。

　例文を否定文に書き換えてみると、例文1は、I will not go shopping today.（私は今日買い物には行きません）となり、例文2は、I am not going to visit my parents next week.（私は来週、両親を訪ねるつもりではない）となります。

　未来表現の疑問文は、willを使った文の場合、willを先頭に出し、文末に「？」を付けて作ります。「be going to V」を使った文の場合、be動詞を文頭に置き、文末に「？」を付けて作ります。

← CHECK!

疑問文の作り方

　例文を疑問文に書き換えてみると、例文1は、Will you go shopping today?（あなたは今日買い物に行きますか）となります。この疑問文に対しては、Yes, I will.やNo, I will not [won't].というように答えます。

　例文2は、Are you going to visit your parents next week?（あなたは来週、両親を訪ねるつもりですか）と書き換えられます。この疑問文に対しては、be動詞を使って、Yes, I am.やNo, I am[I'm] not.というように答えます。

👀 **まとめ**

【未来を表す肯定文】
　□ S + will + V.　　□ S + be動詞 going to + V.

【未来を表す否定文】
　□ S + will not + V.　□ S + be動詞 not going to + V.

【未来を表す疑問文】
　□ Will + S + V? – Yes, S will. / No, S will not[won't].
　□ Be動詞 + S + going to V?
　　– Yes, S be動詞. / No, S be動詞 not.

UNIT 11　今現在行っている動作を表す形

進行形
しんこうけい

DL-16　例文

> 継続的な動作・状態を表すときはこの形だよ

❶ □ She is waiting outside.

❷ □ Were you dancing then?
Yes, I was. /
No, I was not [wasn't].

例文訳
❶ 彼女は外で待っている。
❷ そのときあなたは踊っていましたか。
→はい、踊っていました。／いいえ、踊っていませんでした。

▶ 進行形の作り方　be動詞の後ろに動詞の-ingを置く

「今Vしているところだ」のように、今現在、継続中の動作を表す場合には、「現在進行形」という形を使います。

⇐公式23
現在進行形を使う場合

この**現在進行形は、be動詞の後ろに、動詞の-ing形を置く**ことで作ることができます。

⇐公式24
現在進行形の作り方

例文1は、現在進行形を使った文です。isというbe動詞の後ろに、wait（待つ）の-ing形、waitingが置かれていますね。

また、「過去にVしていた」という過去に継続していた動作を表す場合には、「過去進行形」を使います。

これは、**be動詞の過去形の後ろに、動詞の-ing形を置いて**作ります。

⇐公式25
過去進行形の作り方

例文1を過去進行形に書き換えると、She was waiting outside.（彼女は外で待っていた）となります。

▶ 否定文と疑問文　be動詞にnotを付けたり前に出したり…

　現在進行形や過去進行形を否定文にする場合、be動詞と-ing形の間に否定語のnotを置きます。

← CHECK!

否定文の作り方

　例えば、例文1を否定文に書き換えると、She is not waiting outside.（彼女は外で待っていない）となります。

　また、疑問文にする場合は、be動詞を文頭に出し、文末に「？」マークを付ければよいのです。

← CHECK!

疑問文の作り方

　例えば、例文1を疑問文に書き換えると、Is she waiting outside?（彼女は外で待っていますか）という文になります。

　例文2は、過去形のbe動詞のwereが文頭に置かれ、文末に「？」が置かれている過去進行形の疑問文です。

　進行形の疑問文に答えるときは、例文2のように、be動詞を使って答えます。

 まとめ

【進行形の作り方】
　□ S + be動詞 + Ving.

【進行形の否定文】
　□ S + be動詞 not + Ving.

【進行形の疑問文】
　□ Be動詞 + S + Ving?

Step 1　4択スピーキング！

の中に入るのに適切な語句を①〜④の中から選んで全文を声に出して
言ってみましょう！

1 You ▆▆▆ kind.

① isn't ② am not ③ weren't ④ wasn't

2 She ▆▆▆ a new novel a few days ago.

① read ② reads ③ was read ④ dose read

3 Did your mother ▆▆▆ an apple pie last
night?

① make ② made ③ was made ④ makes

4 We ▆▆▆ cancel our trip.

① will ② are ③ going to ④ are going

5 My boss ▆▆▆ a computer then.

① isn't using ② wasn't using ③ wasn't use ④ using

6 ▆▆▆ you ▆▆▆ a book then? — No, I was not.

① Was / read ② Were / read ③ Did / read
④ Were / reading

解答・解説

1 **正解：③** You (weren't) kind.　　　　☞**UNIT 7**

訳 あなたは親切ではありませんでした。

> 🖊 主語がyouなので、be動詞はwere。

2 **正解：①** She (read) a new novel a few days ago.

訳 彼女は2～3日前に新しい小説を読みました。　　☞**UNIT 8**

> 🖊 「2～3日前」とあるので、read（読む）という動詞を過去形にして、readにする。

3 **正解：①** Did your mother (make) an apple pie last night?　　　　☞**UNIT 9**

訳 あなたのお母さんは昨晩アップルパイを作りましたか？

> 🖊 疑問文になっていることから、空所には動詞の原形を入れる。

4 **正解：①** We (will) cancel our trip.　　☞**UNIT 10**

訳 私たちは旅行をキャンセルするつもりです。

> 🖊 空所の後ろがcancel「中止する」という動詞。will＋動詞の原形を選ぶ。

5 **正解：②** My boss (wasn't using) a computer then.

訳 私の上司はその時、コンピューターを使っていませんでした。　　☞**UNIT 11**

> 🖊 then「その時」があるので、過去の時制を用いる。wasn't usingの過去進行形を用いる。

6 **正解：④** (Were) you (reading) a book then? — No, I was not.　　　　☞**UNIT 11**

訳 あなたはその時、本を読んでいましたか？—いいえ。

> 🖊 then（その時）があるので、過去の時制を用いる。答えの部分で、was notとあるので、be動詞の過去形を用いるべきだと分かる。

Step 2 穴埋めスピーキング！

日本語の文を見て、 の中に適切な英語を入れて全文を言ってみましょう！

1 私の父は教師でした。

My father ___ a teacher.

2 彼女は2台の自動車を持っていました。

She ___ two cars.

3 私は今朝、朝食を食べませんでした。

I ___ ___ breakfast this morning.

4 あなたは来週、試験を受ける予定ですか？—はい。

___ you ___ ___ take a test next week? — Yes, I am.

5 彼らは音楽に合わせて踊っていました。

They ___ ___ to music.

解答・解説

1 **My father (was) a teacher.** ☞**UNIT 7**

訳 私の父は教師でした。

> My father（私の父）が主語なので、be動詞はwas。

2 **She (had) two cars.** ☞**UNIT 8**

訳 彼女は2台の自動車を持っていました。

> have（持つ）という動詞を過去形にして、hadにする。

3 **I (didn't) (eat) breakfast this morning.** ☞**UNIT 9**

訳 私は今朝、朝食を食べませんでした。

> eatは「食べる」という意味の動詞。eatの代わりにhaveを用いても可。

4 **(Are) you (going) (to) take a test next week?**
— Yes, I am. ☞**UNIT 10**

訳 あなたは来週、試験を受ける予定ですか？—はい。

> 空所の数と答え方の文中にamがあることから、be going toを使った疑問文の語順にする。

5 **They (were) (dancing) to music.** ☞**UNIT 11**

訳 彼らは音楽に合わせて踊っていました。

> 過去進行形のwere dancingが正解。また、dance to musicは「音楽に合わせて踊る」という意味。

Step 3　自力でスピーキング！

日本語を見て、英文を作って言ってみましょう！

1 Were you 　　　　　　　　　　　　　　　　**?**

（昨晩 あなたは 忙しかったですか？）

2 We 　　　　　　　　　　　　　　　　　　**.**

（私たちは その時、駅に到着しました）

3 I didn't 　　　　　　　　　　　　　　　**.**

（私は その質問に答え ませんでした）

4 I'm 　　　　　　　　　　　　　　　　　**.**

（私は 来月海外に行くつもり です）

5 Are you 　　　　　　　　　　　　　　**?**

（あなたは 今このコンピューターを使って いますか？）

解答例・解説

1 Were you busy last night? ☞**UNIT 7**

> ✎ busyのところには、例えば「教授」ならa professorが、「俳優」ならan actor
> が入る。なお、youは「あなたたち」という意味でも使えるので、名詞を入れ
> る場合はprofessorsやactorsのように複数形にすることもできる。

2 We arrived at[got to] the station then. ☞**UNIT 8**

> ✎ drew some pictures（絵を数枚描いた）やmade an apple pie（アップルパ
> イを作った）など、自分がしたことを思い出して書いてみよう。「先週」なら
> last week、「先月」はlast month、「去年」はlast yearで表せる。

3 I didn't answer the question. ☞**UNIT 9**

> ✎ 一般動詞の原形を続けて書けましたか？ 「その時彼の名前を知りませんでし
> た」ならdidn't know his name thenと言える。「昨晩、数学を勉強しません
> でした」ならdidn't study math last night。

4 I'm going to go abroad next month. ☞**UNIT 10**

> ✎ going to ＋動詞の原形を続ければOK。goは通常go to ～（～に行く）という
> 意味で用いるが、abroadは副詞で、go abroad「海外へ行く」とtoなしでgo
> の後に置かれる。

5 Are you using this computer now? ☞**UNIT 11**

> ✎ use（使う）やwrite（(文字を)書く）は、eを取ってingをつける。

必勝パターン②

まず、よく使う不規則動詞の
活用形を頭に入れてしまうことが
時制をマスターする秘けつだよ！
進行形を作るときには、be動詞と
一般動詞を同時に使うから
混乱しないようにね。

SECTION 3

● ●

完了形と助動詞

このセクションでは、多くの人が苦手とする、完了形の使い方を
学習します。特に「**現在完了形**」と「**過去形**」の区別に悩む人
が多いのですが、現在完了形は基本的に「現在どうなっている
か」と言う場合に使われる表現です。例えば、I have eaten the
cake.という文では、過去にケーキを食べたということでなく、
「今、ケーキを食べ終わった状態だ」ということが言いたいのです。
この現在完了形にあわせて「**過去完了形**」や「**未来完了形**」もチェッ
クしてみましょう（⇒p.203）。

げんざいかんりょうけい
現在完了形

DL-20　　**例文**

> 現在に視点がある表現なんだ。過去形との違いに注意！

❶ ☐ I have known her for five years.

❷ ☐ I have seen a panda before.

❸ ☐ She has already finished the work.

例文訳
❶ 私は彼女と5年間知り合いだ。（継続）
❷ 私は以前パンダを見たことがある。（経験）
❸ 彼女はすでに仕事を終えてしまっている。（完了）

▶3つの意味がある 「継続」「経験」「完了」

　「現在完了形」は、現在から見て、過去から行っ　**⇐公式26**
ていることが今どういう状態になったか、という　**どんなときに使うか**
ことを表現したいときに使う形です。過去のことではなく、現在の状態
が強調される表現だと言えるでしょう。

　この現在完了形は、過去から現在まで続いて「ずっとVしている」こ
とを表す「継続」と、過去から現在までに「Vしたことがある」ことを
表す「経験」と、過去からやっていた物事が現在終了して「Vしてしまっ
ている」ことを表す「完了」の3つの意味を表すことができます。

　例文1は「継続」、例文2は「経験」、例文3は「完了」を表していますね。

▶ 現在完了形の作り方　have[has] + 過去分詞

現在完了形を作るには、主語の後ろにhaveを
置き、その直後に動詞の過去分詞形（Vpp）を置
きます。

←公式27
現在完了形の作り方

過去分詞形は、規則変化の動詞であれば、過去形と同じように動詞の
後ろに-edや-dを付けたもので、不規則変化の動詞の場合は、過去形で
学んだ、不規則動詞変化表（p.196）の右端にある形になります。

例文3のfinished は、finishという規則変化の動詞に-edを付けたもの
ですが、例文1のknownはknow（知っている）の過去分詞形、例文2の
seenはsee（見る）の過去分詞形です。

また、主語がheやsheのような三人称単数の場
合は、haveの変化形、hasを使わなければならな
いことに注意しておきましょう。

◀ CHECK!

三人称単数の場
合はhasだよ！

現在完了形で使われるhaveやhasには、「持っ
ている」という意味はありません。これは、現在
完了形を作るための部品として使われているだけなので、「持っている」
というように訳してはいけません。

🐧 **まとめ**

【現在完了形の持つ意味】

□ 継続「ずっとVしている」

□ 経験「Vしたことがある」

□ 完了「Vしてしまっている」

【現在完了形の作り方】

□ S + have +Vpp.

□ S（三人称単数）+ has + Vpp.

UNIT 13 用法は3つでも作り方は1つ！

げんざいかんりょうけい
現在完了形の否定文・疑問文

 DL-21　　例文

> 否定文も疑問文も作り方は簡単だからね

① ☐ I have never been there.

② ☐ Has she eaten dinner?
Yes, she has. /
No, she has not[hasn't].

例文訳　❶ 私は今までそこに行ったことがない。
❷ 彼女はすでに夕食を食べましたか。
→はい、食べました。／いいえ、食べていません。

▶ 否定文　have[has] の次に否定語を置く

現在完了形の否定文は、haveやhasと動詞の過
ひ ていご
去分詞形の間に、否定語のnotやneverを置いて
作ります。

⇐公式28
否定文の作り方

「経験」を表す現在完了形の否定文では、しば
しばnever (今までにVしたことがない) という否
定語が使われます。

◀ CHECK!

「経験」⇒never
を使うよ！

例文1では、neverの後ろにbeenという単語が
ありますが、これはbe動詞の過去分詞形で、「行っ
たことがある」という意味で使われています。

ここでは、haveとbeenの間にneverが置かれ、「今まで行ったこと
がない」というように、「経験」がないことを表しています。

▶ **疑問文** have[has] を文頭に置く

現在完了形の疑問文は、haveやhasを文頭に置き、主語と動詞の過去分詞形（Vpp）を続け、文末に「？」を付けて作ります。

⇐公式29
疑問文の作り方

この疑問文を発音するときは、文末を上げ調子で読みます。

例文2は、「完了」の意味を表す現在完了形の疑問文です。hasが文頭に置かれ、その後ろに、主語であるsheと、eat（食べる）の過去分詞形であるeatenが置かれていますね。

この疑問文には、例文2の応答のように、haveやhasを使って答えます。

◀ CHECK!

疑問文への応答

 まとめ

【現在完了形の否定文】

☐ S + have / has + not + Vpp.

☐ S + have / has + never + Vpp.

（never：「経験」の場合によく使われる）

【現在完了形の疑問文】

☐ Have / Has + S + Vpp?

UNIT14 動詞にさまざまな味付けをする

助動詞の使い方
じょどうし

 DL-22　例文

助動詞の後ろの動詞は
必ず原形になるからね

❶ ☐ Betty can answer all the questions.

❷ ☐ You should be nice to your boss.

例文訳　❶ ベティーはすべての質問に答えることができる。
　　　　❷ あなたは上司に礼儀正しくしなければならないよ。

▶ 助動詞とは　動詞に意味を付け加える

「助動詞」は、動詞の前に置かれ、動詞に意味
じょどうし
を付け加える働きをする言葉です。

←公式30
助動詞の働き

　例えば、canという助動詞は、「できる」という「可能」の意味を動
詞に添えることができます。

　例文1では、canがanswer（答える）という動詞の前に置かれ、「答
えることができる」というように、「可能」の意味が付け加わっています。

　助動詞を使う上で注意しなくてはならないのは、ふつう助動詞の後ろ
には、動詞の原形が置かれる、という点です。

← CHECK!

後ろは原形だよ

　例文1で使われている主語は、Bettyという三
人称単数の主語ですが、answerという動詞には、
三単現のsは付いていませんね。
さんたんげん

　例文2 では、should（すべきだ）という助動詞が使われています。も
ちろん、このshouldの後ろにも、原形動詞が置かれなければなりません。

　ここで使われている動詞は、beです。

　例文2を、助動詞を使わないで書くと、You are nice to your boss.

となりますが、このareの原形であるbeが、shouldの後ろに置かれているのです。

▶ 否定文・疑問文　助動詞に否定語を付けたり前に出したり…

助動詞を使った文の否定文は、助動詞の後ろに否定語のnotを置いて作ります。

⇐公式31
否定文の作り方

例文1を否定文に書き換えると、Betty cannot answer all the questions.となります。

また、**助動詞を使った文の疑問文は、助動詞を文頭に出し、文末に「？」を付けて作ります。**発音するときは、文末は上げ調子で読みます。

⇐公式32
疑問文の作り方

例文1を疑問文に書き換えると、Can Betty answer all the questions?となります。

この疑問文に対しては、Yes, she can.もしくは、No, she can't.と答えます。他の助動詞を使った疑問文であれば、疑問文で使われている助動詞と同じものを使って答えます。

👀 **まとめ**

【助動詞】　助動詞の後ろの動詞は原形
- ☐ can　　　　　　できる
- ☐ should　　　　すべきだ
- ☐ may[might]　してもよい；かもしれない
- ☐ must　　　　　しなければならない；にちがいない
- ☐ cannot　　　　のはずがない；できない
- ☐ must not　　　してはならない

【助動詞の否定の短縮形】
- ☐ cannot = can't　　　☐ should not = shouldn't
  ※can notと離して書くことはごくまれです

Step 1 4択スピーキング！

•••

██████の中に入るのに適切な語句を①〜④の中から選んで全文を声に出して言ってみましょう！

1 I ████ Kyoto before.

① has visited ② have visit ③ had visiting ④ have visited

2 The bus ████ already ████ the bus stop.

① has / left ② have / left ③ has / leave ④ have / leave

3 We ████ him for a long time.

① haven't see ② haven't seen ③ hasn't seen

④ hasn't see

4 ████ you ████ the work? — Yes, I have.

① Have / finish ② Do / finish ③ Did / finished

④ Have / finished

5 You ████ speak English very well.

① can ② does ③ be ④ are

6 You ████ see a doctor now.

① are ② should ③ be ④ does

解答・解説

 DL-23

1 正解：④ I (have visited) Kyoto before. ☞**UNIT 12**

訳 私は以前、京都を訪れたことがあります。

📝 before「以前に」は、現在完了形の「経験」用法とともに使われる。

2 正解：① The bus (has) already (left) the bus stop. ☞**UNIT 12**

訳 そのバスはバス停をすでに出発しています。

📝 alreadyは「もうすでに」という意味の副詞で、現在完了形の「完了」用法とともに使われる。また、leaveの過去分詞形は、left。

3 正解：② We (haven't seen) him for a long time. ☞**UNIT 13**

訳 私たちは長い間彼に会っていません。

📝 for a long timeは、現在完了形とよく使われる熟語。have＋動詞の過去分詞を選ぶ。

4 正解：④ (Have) you (finished) the work?
— Yes, I have. ☞**UNIT 13**

訳 あなたはその仕事を終えましたか？—はい。

📝 解答部分で、haveが用いられていることから、現在完了形の疑問文だとわかる。

5 正解：① You (can) speak English very well. ☞**UNIT 14**

訳 あなたはとても上手に英語を話すことができます。

📝 動詞speakの前に置くことができるのは、助動詞。

6 正解：② You (should) see a doctor now. ☞**UNIT 14**

訳 あなたは今、医者に診てもらうべきです。

📝 動詞seeの前に置くことができるのは、助動詞。

Step 2 穴埋めスピーキング！

日本語の文を見て、　　　の中に適切な英語を入れて全文を言ってみましょう！

1 私たちは彼と知り合って久しいです。

We 　　　　　　 him for a long time.

2 あなたは今までに、パンダに触ったことがありますか？

　　　 you ever 　　 a panda?

3 彼女はスペイン語を話すことができます。

She 　　　　　 Spanish.

Step 3 自力でスピーキング！

日本語を見て、英文を作って言ってみましょう！

1 I have 　　　　　　　　　　　　　　　.

(私は もうその本を読み ました)

2 Have you ever 　　　　　　　　　　　　?

(あなたは今までに 鎌倉に行ったことがあり ますか？)

3 I can 　　　　　　　　　　　　　　　.

(私は 上手にギターを弾くことが できます)

74

解答（例）・解説 DL-24

Step 2

1 We (have) (known) him for a long time. ☞**UNIT 12**

訳 私たちは彼と知り合って久しいです。

> ✎ for a long time（長い間）は「継続」を表す完了形とともに使われる表現。

2 (Have) you ever (touched) a panda? ☞**UNIT 13**

訳 あなたは今までに、パンダに触ったことがありますか？

> ✎ Have you ever＋動詞の過去分詞 ～?は「今まで～をしたことがありますか」という意味。everは「今までに」という意味。

3 She (can) (speak) Spanish. ☞**UNIT 14**

訳 彼女はスペイン語を話すことができます。

> ✎ 「できる」という「能力」を表すことができる助動詞は、can。

Step 3

1 I have already read the book. ☞**UNIT 12**

> ✎ have already＋動詞の過去分詞は「すでに～してしまった」という完了の意味。

2 Have you ever been to Kamakura? ☞**UNIT 13**

> ✎ 例えば I have been to Hong Kong twice.（私は香港に2回行ったことがあります）のように、have been to ～は、「～に行ったことがある」という「経験」の用法とともに使われる。

3 I can play the guitar well. ☞**UNIT 14**

> ✎ 助動詞のcanは、解答例やI can run fast.（私は速く走ることができます）などのように、主語の可能性や能力を表すことが多いが、You can go home.（あなたは帰ることができる⇒帰っていいですよ）のように、「許可」を表すこともある。

必勝パターン③

完了形は基準となる時点を
しっかり意識して、
その時点までの「経験」「継続」
「完了」と考えようね！
現在完了形はあくまでも
現在が基準だよ。

SECTION 4

● ●

文型のポイントと受動態

このセクションでは、「**自動詞**」と「**他動詞**」の違いを軸に、「**基本5文型**」を勉強します。簡単に言えば、他動詞は直後に名詞が必ずくっつく動詞、自動詞はそうでない動詞のことです。5文型がきっかけで英語が大嫌いになった人も多いと思いますが、安心してください。ここではできる限り難しい言葉を使わずに、スラスラ文型が理解できるように講義をします。マスターしてみると、英語を使う際には5文型はとっても役立つツールなんですよ。

UNIT 15

もっと英語をスッキリ理解するためのコツ！

自動詞と他動詞

DL-25　例文

文型を見分けるには動詞の種類を考えようね

❶ ☐ She lay on the bed.

❷ ☐ He laid the envelope on the table.

❸ ☐ Nicole gave us a nice present.

例文訳　❶ 彼女はベッドに横たわった。
❷ 彼は封筒をテーブルに置いた。
❸ ニコルは私たちにすてきなプレゼントをくれた。

5文型とは、「5種類の動詞の使い方」と考えると、非常にわかりやすくなります。

⇐公式33
5文型は動詞で見分けよう

▶ 自動詞⇒第1文型　他動詞⇒第3文型

まず、第1文型と第3文型の違いについて勉強しましょう。

この2つの違いは、動詞の種類の違いです。第1文型で使われる動詞のことを「自動詞」、第3文型で使われる動詞を「他動詞」と言います。

「自動詞」とは、そこで動作が完結しており、直後にピリオドを打っても、文が成立する動詞です。

⇐公式34
自動詞とは

一方「他動詞」は、動作が他に影響を及ぼし、直後に、「〜を」「〜に」に当たる名詞、すなわち「目的語」と呼ばれる名詞を置かなければ、文が完結しない動詞です。

⇐公式35
他動詞とは

例えば、例文1で使われている動詞layですが、これは「横たわる」

という意味の自動詞lieの過去形です。on the bedの部分は、単なる修飾語で、layの後ろでピリオドを打っても、この文は成立します。

しかし、例文2で使われている動詞laid は、「置く；横たえる」という意味の他動詞layの過去形なので、laidの後ろでピリオドを打つと、文は成立しません。laidの後ろではなく、目的語に当たるthe envelopeの後ろで初めてピリオドが打て、文が成立するのです。

このように、「自動詞」の後ろには、目的語は必要ありませんが、「他動詞」の後ろには、必ず目的語が必要となります。

▶ 第4文型　動詞に2つの目的語が付く！

次に、第4文型について見てみましょう。

例文3で使われている動詞gaveは、give（与える）の過去形で、giveは目的語を必要とする「他動詞」です。

ただ、このgiveは、「私たちに」という意味でのusと、「すてきなプレゼントを」という意味でのa nice presentという2つの名詞を、目的語としてとっています。

同じ「他動詞」でも、第4文型の他動詞は、第3文型と異なり、「〜に〜を」というように、目的語を2つとることができるのです。

←公式36
目的語を2つとる

まとめ

【まぎらわしい自動詞と他動詞】
- ☐ lie – lay – lain　　自　横たわる
- ☐ lay – laid – laid　　他　横たえる

【第4文型で使う動詞】
- ☐ give A B　AにBを与える
- ☐ buy A B　AにBを買ってあげる
- ☐ ask A B　AにBをたずねる

UNIT 16 つい前置詞を付けがちな動詞と忘れがちな動詞

まぎらわしい他動詞と自動詞

 DL-26

例文

よく使う動詞を覚えておこうね

1. ☐ We discussed the plan.
2. ☐ I apologized to her for my bad behavior.

例文訳 ❶ 私たちはその計画について話し合った。
❷ 私は、私のひどいふるまいを彼女に謝罪した。

▶ 自動詞のように思える他動詞　代表選手：discuss

英語の他動詞には、日本語からの連想で、自動詞と間違えやすいものがあるので、注意しておきましょう。

例えば、例文1のdiscussですが、日本語に訳すと「〜について話し合う」となるので、この訳から連想して、ついつい動詞の直後に前置詞のaboutを置いてしまいがちです。

しかし、**discussは「他動詞」なので、動詞の直後には前置詞は必要なく、直後に目的語の名詞を置かなければならないのです。**

←公式37
自動詞のような他動詞

▶ 他動詞のように思える自動詞　代表選手：apologize

この逆で、自動詞なのに、ついつい前置詞を置き忘れてしまうタイプの動詞があります。

例文2のapologizeですが、日本語に訳すと「〜に謝罪する」となり、一見他動詞のように思える

←公式38
他動詞のような自動詞

のですが、実はこれは「**自動詞**」なのです。

　直後に、謝罪する相手や理由を置く場合には、
toやforなどの前置詞が必要となります。

　「他動詞」は、前置詞なしで直後の名詞を目的
語にすることができますが、「自動詞」の後ろに
名詞を置く場合は、必ず前置詞が必要です。

　日本語からの連想で、「自動詞」と「他動詞」を混同してしまいがち
なものは、特に注意して覚えておきましょう。

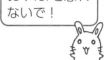

◀ CHECK!

toやforを忘れ
ないで！

👀 **まとめ**

【**自動詞と間違えやすい他動詞**】

　☐ discuss　　　〜について討論する

　☐ enter　　　　〜へ入る

　☐ marry　　　　〜と結婚する

　☐ reach　　　　〜へ到達する

　☐ resemble　　〜に似ている

【**他動詞と間違えやすい自動詞**】

　☐ apologize to　　〜に謝罪する

　☐ object to　　　　〜に反対する

　☐ graduate from　〜を卒業する

　☐ arrive at　　　　〜に到着する

UNIT 17　キーワードは「イコールの関係」！

第2文型と第5文型

DL-27　例文

> イコールの関係をつかむと第2・第5文型はよくわかるよ

❶ ☐ The milk tasted sour.

❷ ☐ His words made us sad.

例文訳　❶ その牛乳はすっぱい味がした。
　　　　❷ 彼の言葉は私たちを悲しい気持ちにした。

▶ 第2文型⇒主語（S）＝補語（C）

　ここでは、5文型の中の第2文型と第5文型について勉強しましょう。

　SVCという形をとる第2文型は、He is a teacher.（彼は先生だ）のように、be動詞を使った文が一般的なものと言えるでしょう。

　be動詞は、イコールの働きをする動詞でしたね。

　第2文型では、動詞の後ろに「補語」と呼ばれる、名詞や形容詞が置かれます。そして、主語（S）と補語（C）の間には、必ず「S＝C」という関係が成り立っています。

⇐公式39
動詞がイコールの働きをする

　つまり、第2文型で使われる動詞は、すべて「イコールの働きをする」ものなのです。

　例文1で使われている動詞tasteは、「〜の味がする」という意味の動詞です。この場合、「The milk（牛乳）＝sour（すっぱい）」というイコールの関係が成り立つので、tasteはイコールの働きをする第2文型の動詞ということになります。

▶ 第5文型⇒目的語 (O) =補語 (C)

SVOCという形をとる**第5文型は、他動詞の後** ⇐公式40
ろに、目的語となる名詞が置かれ、その後ろに補 「目的語＝補語」
語となる名詞や形容詞が置かれますが、この他動 になる
詞の後ろに置かれる目的語 (O) と補語 (C) の間に、「O＝C」の関係が
成り立ちます。

例文2では、madeという動詞の後ろにあるOとCの間には、「us (私
たち) = sad (悲しい)」という関係が成り立っていますね。

madeはmakeの過去形ですが、このように第5文型で使われるmake
には「〜を作る」という意味はなく、「OをCにする」という意味で使
われます。

🐧 まとめ

【第2文型で使う動詞】
- ☐ taste C　　Cな味がする
- ☐ smell C　　Cな香りがする
- ☐ become C　Cになる

【第5文型で使う動詞】
- ☐ make O C　OをCにする
- ☐ drive O C　OをCに駆り立てる
- ☐ get O C　　OをCにする

「～される」「～された」を表す表現

じゅどうたい
受動態の作り方

例文

目的語と主語が逆転するのが受動態なんだ

① ☐ **Our teacher is loved by everybody.**

② ☐ **I was spoken to by a stranger.**

例文訳 ① 私たちの先生は皆に好かれている。
② 私は見知らぬ人に話しかけられた。

▶ 受動態 「be動詞＋過去分詞形」で表す

　「～がVされる；Vされた」という意味を持つ「受動態」の文は、「～をVする」という意味を持つ「能動態」の文で、もともと目的語だったものを主語として書き換え、目的語と主語の関係を逆転させたものです。

　この「受動態」は、主語の後に「be動詞＋過去分詞形」を置いて表現します。そして、byという前置詞を使って、もともと主語であった動作の主を表します。

⇐公式41
受動態の作り方

　例えば、Everybody loves our teacher.という、第3文型の能動態の文を、目的語を主語にした、受動態の文に変えてみましょう。

　まず、目的語のour teacherを先頭に出し、その直後に「be動詞＋過去分詞形」のis lovedを置きます。そして、動作の主を表すbyの後ろに、もともとの主語だったeverybodyを置きます。

　こうすると、例文1の受動態の文になります。

▶ 第4文型の受動態　2種類できる！

第4文型の「S V O₁ O₂」を受動態にするには、 ⇐公式42
O₁を主語にする場合、「O₁ be Vpp O₂」となり、 第4文型の受動態
O₂を主語にする場合、「O₂ be Vpp to[for] O₁」となります。toやforを
使わない文もありますが、toやforを使ったほうが自然とされています。

第5文型の「S V O C」は「O be Vpp C」という形になります。

原則として、目的語をとる動詞しか受動態に書き換えることはできませんが、自動詞でも受動態にできる場合があります。

例文2は、もともとA stranger spoke to me.という文でした。この文でのspeakは自動詞です。

しかし、speak toで「〜に話しかける」というまとまった意味を持っているので、「自動詞＋前置詞」で1つの他動詞と　　　◀ CHECK!
解釈することもできるのです。

こういう場合には、目的語に当たるmeをIという主語に変え、was spoken toというように「be動詞＋過去分詞形＋前置詞」を置き、最後に、もともとの主語をby a strangerとして置くことができます。

自動詞を受動態にできることもある！

to byというように、前置詞が2つ並んでいるので、よく前置詞を1つ落としてしまうのですが、これは2つ並んで正しい文となるので、間違えないように注意しておきましょう。

まとめ

【受動態の作り方（能動態⇒受動態）】

□ S V O.　　　　　　⇒ O be Vpp by S.
□ S V O₁ O₂.　　　　⇒ O₁ be Vpp O₂.
　　　　　　　　　　⇒ O₂ be Vpp to[for]O₁.
□ S V O C.　　　　　⇒ O be Vpp C.
□ S V 前置詞 + 名詞. ⇒ 名詞 be Vpp 前置詞 by S.

復習エクササイズ

Step 1 4択スピーキング！

の中に入るのに適切な語句を①〜④の中から選んで全文を声に出して言ってみましょう！

1 He gave ▢▢▢ last night.

　① a new book me　② me a new book

　③ me about a new book　④ to me for a new book

2 He ▢▢▢ the problem.

　① discussed　② discussed about　③ discussed on

　④ discussed of

3 You can ▢▢▢ the room.

　① enter into　② enter in　③ enter　④ enter to

4 The man looked ▢▢▢.

　① happily　② happy　③ sadly　④ sadness

5 The plan sounds ▢▢▢.

　① great　② terribly　③ greatness　④ greatly

6 He ▢▢▢ by his colleagues.

　① respects　② is respected　③ is respecting　④ respected

解答・解説

1　正解：②　He gave (me a new book) last night. ☞**UNIT 15**
訳 彼は昨晩、私に新しい本をくれました。

> giveは「give＋人＋物」という語順を取ることができる動詞。

2　正解：①　He (discussed) the problem.　☞**UNIT 16**
訳 彼はその問題について議論した。

> discussは他動詞。aboutのような前置詞は不要。

3　正解：③　You can (enter) the room.　☞**UNIT 16**
訳 あなたはその部屋に入ることができます。

> enterは他動詞。intoのような前置詞は不要。

4　正解：②　The man looked (happy).　☞**UNIT 17**
訳 その男性は幸せそうに見えた。

> look Cは「Cのように見える」。Cには形容詞が入る。形容詞＋lyは主に副詞になる。また、語尾にnessがつく場合は名詞になる。

5　正解：①　The plan sounds (great).　☞**UNIT 17**
訳 その計画は素晴らしいように聞こえ[思え]ます。

> sound Cは「Cのように聞こえ[思え]る」。Cには形容詞が入る。terriblyは「ひどく」という意味の副詞。

6　正解：②　He (is respected) his colleagues.　☞**UNIT 18**
訳 彼は同僚たちから尊敬されている。

> byがあることから受動態とわかる。be動詞＋動詞の過去分詞形を選ぶ。

Step 2　穴埋めスピーキング！

日本語の文を見て、░░░の中に適切な英語を入れて全文を言ってみましょう！

1 彼はベッドに横になった。

He ░░░ himself on the bed.

2 太陽は東から昇ります。

The sun ░░░ in the east.

3 彼は彼の態度のことを謝罪しました。

He ░░░ ░░░ his behavior.

4 私の父はたった今、駅に到着しました。

My father ░░░ ░░░ the station just now.

5 そのアイデアはおもしろそうだ。

The idea ░░░ interesting.

6 そのメッセージは多くの人々に送られました。

The messages ░░░ ░░░ to a lot of people.

解答・解説

1 He (laid) himself on the bed. ☞**UNIT 15**

訳 彼はベッドに横になった。

> himselfを目的語と考えるため、空所には他動詞が入るとわかる。layの過去形となるlaidを入れる。

2 The sun (rises) in the east. ☞**UNIT 15**

訳 太陽は東から昇ります。

> rise（上がる；昇る）は自動詞として用いる。

3 He (apologized) (for) his behavior. ☞**UNIT 16**

訳 彼は彼の態度のことを謝罪しました。

> apologize (to 人) for 物事で「(人に) 物事に対して謝罪する」という意味。自動詞として用いる。

4 My father (arrived[got]) (at[to]) the station just now.

訳 私の父はたった今、駅に到着しました。 ☞**UNIT 16**

> 空所の数が2つなので、arrived at（〜に到着した）かgot to（〜に到着した）のいずれかを使う。

5 The idea (sounds[seems]) interesting. ☞**UNIT 17**

訳 そのアイデアはおもしろそうだ。

> sound [seem] Cは「Cのように聞こえる[思われる]」。Cはinteresting（おもしろい）という意味の形容詞。

6 The messages (were) (sent) to a lot of people. ☞**UNIT 18**

訳 そのメッセージは多くの人々に送られました。

> send（送る）という動詞を使って受動態にする。

Step 3　自力でスピーキング！

日本語を見て、英文を作って言ってみましょう！

1 My father gave _____.

（私の父は 私に新しいカバンを くれました）

2 We discussed _____.

（私たちは その問題を会議で 議論しました）

3 The man looks _____.

（その男性は 親切そうに 見える）

4 I was _____.

（私は 病院に連れて行かれ ました）

解答例・解説

1 My father gave me a new bag. ☞**UNIT 15**

> 「give＋人＋物」の語順で「人に物をあげる」の意味を表します。「私に本をくれた」ならgave me a book、「彼女に高価な財布をあげた」ならgave her an expensive purse。

2 We discussed the problem at the meeting. ☞**UNIT 16**

> discussは他動詞として用いますので、直後に議論する中身の名詞が置かれます。「計画」ならplan、「問題」はproblemのほかにissueという単語も使えます。

3 The man looks kind. ☞**UNIT 17**

> look Cは「Cのように見える」。Cの部分に形容詞を入れます。「こっけいに」ならfunnyを、「健康そう」ならhealtyを入れます。

4 I was taken to the hospital. ☞**UNIT 18**

> wasがあるので、過去分詞から始める。take ～ to …は「～を…に連れて行く」という意味で、今回の作文ではそれを受動態にするので、「～ is taken to …」となる。

必勝パターン④

自動詞と他動詞の違いが
わかるようになると、
英文法の世界が見えてきますよ。
これからは辞書で動詞を調べる
ときには、自動詞か他動詞かを
チェックしようね。

SECTION 5

● ● ● ● ● ● ● ● ● ● ● ● ● ● ● ● ● ● ●

不定詞と動名詞

このセクションからは、まとめて「**準動詞**」と呼ばれる、「**不定詞**」「**動名詞**」「**分詞**」「**分詞構文**」の勉強をします。準動詞とは、動詞の形を変えることによって、動詞以外の別の品詞の働きをさせるもののことを言います。ここで勉強する不定詞は動詞をto V の形に変えることで「名詞」や「形容詞」や「副詞」の働きをさせることができます。また、動名詞は読んで字のごとしで、動詞をVing形に変えることで、「名詞」の働きをさせます。

「〜すること」で動詞が名詞に！

不定詞の名詞的用法
（ふ　てい　し　　めい　し　てきようほう）

DL-32　例文

名詞と同じ働きをする不定詞だよ

❶ ☐ To master a foreign language
　　is difficult for us.
　　= It is difficult for us to
　　　master a foreign language.

❷ ☐ Her help made it possible
　　for us to finish the work.

例文訳　❶ 外国語を習得することは私たちにとって難しい。
　　　　❷ 彼女の助けによって、私たちは仕事を終わらせることができた。

　「to＋動詞の原形」という形で表される「不定詞」は、名詞、形容詞、副詞の3つの品詞の働きをします。

⇐公式43
不定詞の3つの働き

　まずここでは、「Vすること」という意味の、名詞として使われる「名詞的用法」について学びます。

⇐公式44
名詞的用法

　例文1では、不定詞のTo master a foreign languageは、主語の位置に置かれていますね。

　ふつう、主語の位置には名詞がくるので、この不定詞は名詞の働きをしていることがわかります。

▶ **形式主語のit** 不格好な長い主語を避ける

　英語では、このような主語の長い文は不格好だとされているので、主語を便宜上itに置き換え、本当の主語を後回しにすることがあります。

このような便宜上置かれる主語のitのことを 「仮主語」もしくは「形式主語のit」と言っています。

⇐公式45
本当の主語は後ろに

例文1の下の文は、この形式主語のitを使い、不定詞の部分を後回しにして書き換えたものです。

不定詞の前に見えるforは、「だれだれが」「だれだれにとっての」というような意味の「不定詞の意味上の主語」を示します。

← CHECK!

forは意味上の主語を示している

不定詞の意味上の主語を置きたいときは、不定詞の前にforという前置詞を使います。

こうして文を書き換えると、「It is ... for ～ to V」という形で、「～がVするのは…だ」という意味を持つ不定詞を使った構文ができるのです。

▶ 形式目的語のit　長い目的語は後回し

例文2では、make ○ Cの○の位置にitが使われていて、その後ろにto finish the workという不定詞が置かれています。本来のmakeの目的語は、to finish the workという名詞的用法の不定詞部分です。

しかし、**SVOCの○の部分には、不定詞などの通常の名詞以外の要素を置くことはできないので、これをいったんitに置き換え、不定詞などの長いものを後回しにしているのです。**

⇐公式46
itが○を導く

このようなitのことを「形式目的語のit」と言います。

まとめ

【不定詞の名詞的用法】

to V 「Vすること」

□ It is ... (for ～) to V.　（～が）Vするのは…だ

□ S V it C to V.　　　　　it = to V

UNIT 20

「～するという／ための」で
動詞が形容詞に！

不定詞の形容詞的用法
（ふ ていし　けいよう し てきようほう）

DL-33　例文

不定詞が形容詞のように名詞にかかることに注目！

❶ ☐ I need something cold to drink.

❷ ☐ I was the first person to arrive here.

例文訳　❶ 私は何か冷たい飲み物が欲しい。
　　　　❷ 私はここに到着した最初の人だった。

▶ 不定詞が直前の名詞を修飾することができる！

ここでは、「Vするという」「Vするための」という意味の「形容詞的用法」について見ていきましょう。

⇐公式47
形容詞的用法

例えば2の例文の I was the first person to arrive here.のような文では、**修飾される名詞と後ろに続く不定詞の間には、「私」のことを「到着した人なのだ」と説明する関係がありますね。**

⇐公式48①
名詞を説明する関係

また、the plan to go to America（アメリカに行くという計画）のような句では、**the plan（計画）= to go to America（アメリカに行くこと）というように、「計画」は具体的には「アメリカに行くこと」だと詳しく説明していますね。**

⇐公式48②
イコールの関係で
詳しく説明

このように、不定詞は、直前の名詞を修飾し、詳しく説明することができます。

▶ 会話表現でよく使うsomething … to V

　1の例文ではsomething coldの部分をto drinkが修飾しています。つまりsomething cold（何か冷たいもの）のことをto drinkという不定詞で「飲むための」と修飾しているのです。**somethingやnothingやanythingのような名詞には、形容詞は後ろにくっつきます。この後からさらに不定詞が修飾している**わけです。語順に気をつけて！

←公式49
会話でよく使う形容詞的用法

 まとめ

【不定詞の形容詞的用法】

　□ 名詞 to V

　　Vするという名詞；Vする名詞；Vするための名詞

UNIT 21 「〜するために」で動詞が副詞に！

不定詞の副詞的用法
<small>ふ てい し ふく し てきようほう</small>

 DL-34　例文

> 副詞と同じ働きをする不定詞だよ

❶ ☐ Jack came to Japan to study Japanese.

❷ ☐ I was surprised to see Toby there.

例文訳　❶ ジャックは日本語を勉強するために日本に来た。
　　　　❷ そこでトビーに会ってびっくりした。

▶ 副詞的用法にはさまざまな意味がある

　次に、「Vするために」のような意味で使われる「副詞的用法」について見ていきましょう。

　例文1では、to study Japanese（日本語を勉強するために）の不定詞の部分が、came to Japan（日本に来た）という動詞を修飾しているので、この不定詞は副詞の働きをしていると考えることができます。

　副詞的用法の不定詞には、このように「**Vするために**」という「**目的**」を表す用法に加え、「**Vして（…な気持ちになった）**」のように「**理由**」を表す場合などさまざまな使い方があります。

⇐公式50
使い方はさまざま

▶ toでつながれている表現は文脈から理解しよう

　2つめの例文では、was surprised（びっくりした）の理由が to see Toby（トビーに会ったこと）であるというように、**to以下の部分が理由を表すために使われています。**

⇐公式51
理由を表すのにも
使われる

　また、I woke up to find myself lying on the bed.（私は気がつくとベッドの上に横たわっていた）のように、何かの結果を表す不定詞は、よく使われる表現が限られているので、熟語のようにまとめて覚えておくといいでしょう。

　ほかにもto不定詞にはいろいろなつなぎ方があるのですが、それらがどのような意味になるのかは、前後の流れの中で、自然な意味になるように考えましょう。

 まとめ

【不定詞の副詞的用法】

　「Vするため」「Vして」などさまざまなつなぎ方をする。

➡前後の意味に合うように柔軟に考える。

UNIT22 限られた動詞だけだがとてもよく使う！

げんけい ふ てい し
原形不定詞

 DL-35　例文

動詞といっしょに用法を覚えてしまおうね

❶ ☐ **The manager made us work overtime.**

❷ ☐ **He was seen to enter the room.**

例文訳　❶ 部長は私たちに残業をさせた。
　　　　❷ 彼は部屋に入るところを見られた。

▶ 原形不定詞をとる動詞は限られている！

　「ask ～ to V」や「tell ～ to V」のように、「他動詞＋目的語＋to不定詞」の構文はたくさんあります。

　でも、例文1では、usの後ろにtoがありませんね。makeやletなど、いくつかの動詞の後ろでは「<ruby>目的語<rt>もくてきご</rt></ruby>＋<ruby>原形動詞<rt>げんけいどうし</rt></ruby>」という形が使われるのです。このような原形動詞のことを「<ruby>原形不定詞<rt>げんけいふていし</rt></ruby>」と呼びます。

⇐公式52
目的語＋原形不定詞

　原形不定詞をとる動詞は限られていて、それらをしっかりと覚えておかなければなりません。

　まずは、「見る」「聞く」などの意味を表す<ruby>知覚動詞<rt>ちかくどうし</rt></ruby>と呼ばれる動詞のグループです。例えば、seeなどの動詞の後ろでは、I saw him enter the room.のようにtoを使いません。

　また、「強制的に目的語にVさせる」という意味のmakeも原形不定詞の形をとります。さらに、「目的語がVするのを許可する」という意味のletも原形不定詞となります。

100

haveという動詞も原形不定詞をとりますが、この動詞は立場が上の人が立場が下の人に、「Vさせる」「Vしてもらう」場合に使います。

helpという動詞も原形不定詞の形をとりますが、この動詞の場合は、to不定詞を使って表現することもできます。例えば、I helped her carry the bag.としても、I helped her to carry the bag.としてもいいのです。

▶ 受動態　toが必要になる！

原形不定詞には、もう1つ気をつけておかなければならないことがあります。**原形不定詞を使った文を受動態にした場合は、例文2のように、to不定詞を使わなければならないのです。**

←**公式53**
原形不定詞の受動態

このルールに関しては、知覚動詞やmake、helpに関して当てはまります。haveやletを使うパターンはふつう受動態にはしません。

まとめ

【知覚動詞】
- ☐ see ～ V　　～がVするのを見る
- ☐ hear ～ V　～がVするのを聞く
- ☐ feel ～ V　　～がVするのを感じる

【その他】
- ☐ make ～ V　～にVさせる（強制）
- ☐ let ～ V　　　～にVさせてやる（許可）
- ☐ have ～ V　　～にVさせる・してもらう（指示）
- ☐ help ～ V　　～がVするのを手伝う

※原形不定詞を使った文を受動態にする場合はto不定詞を使う！

UNIT23 Vingで名詞の働きをする！

動名詞の使い方

 DL-36 例文

動名詞は名詞と同じ働きをするよ

❶ ☐ **My hobby is walking in the mountains.**

❷ ☐ **I enjoy talking with you.**

例文訳 ❶ 私の趣味は、山歩きです。
❷ 私はあなたと話すことを楽しむ。

▶ 目的語になる場合 動詞との相性に注意！

「動名詞」は、動詞の形をVingに変えて、「Vすること」のような意味を持たせることができる用法で、文中で名詞の働きをします。

⇐公式54
文中で名詞の働き

例えば、例文1にある、walking in the mountains（山歩きをすること）という部分が、本来、名詞が置かれるべき補語の部分に置かれています。例文2でも、talking with youという動名詞が、本来名詞が置かれるべき、enjoyという動詞の目的語の位置に使われていますね。

名詞の働きをするものには、他に不定詞があるのですが、動名詞と不定詞はいつも同じような場所で使われるとは限りません。

例えば、例文2のenjoyは動名詞を目的語にとることはできますが、不定詞を目的語にとることはできません。このような**動名詞のみを目的語にとる動詞には、enjoyの他にfinishやmindなどがあります。**

⇐公式55
目的語は動名詞のみ

反対に、不定詞のみを目的語にする動詞もあり、それにはplanやpromiseやwishなどがあります。

不定詞には未来的な意味が含まれているため、こうした未来志向の動詞の後ろで使われることが多いと言えます。like のように、動名詞、不定詞どちらも目的語にとれる動詞もあります。

← **CHECK!**

動名詞でも不定詞でもどちらでも！

▶ 動名詞か不定詞かで意味が変わる動詞に注意！

しかし、目的語に動名詞をとるか不定詞をとるかで意味が大きく変わってしまう動詞もあるので注意が必要です。

この代表的な動詞がrememberです。remember Vingの場合は「Vしたのを覚えている」、remember to Vは「未来にVすることを覚えておく」という意味になります。この違いを覚えるとき、**不定詞には未来的な意味合いがある**、と覚えておくと混同しにくくなります。

⇐**公式56**
不定詞は「未来的」

まとめ

【Vingをとるもの】
- ☐ enjoy Ving　　　Vすることを楽しむ
- ☐ finish Ving　　　Vし終える

【to Vをとるもの】
- ☐ plan to V　　　Vすることを計画する
- ☐ promise to V　　Vすることを約束する

【両方とるもの】
- ☐ remember to V　未来にVすることを覚えておく
- ☐ remember Ving　Vしたのを覚えている

Step 1　4択スピーキング！

の中に入るのに適切な語句を①〜④の中から選んで全文を声に出して
言ってみましょう！

1 He decided ▇▇▇ abroad.

① to going ② going ③ to go ④ go

2 She likes ▇▇▇ with her friends.

① do talk ② talked ③ talk ④ to talk

3 He has the ability ▇▇▇ five languages.

① to speak ② spoke ③ spoken ④ to speaking

4 Would you like something ▇▇▇?

① hot to eat ② eat to hot ③ to hot eat ④ hot eat

5 They were surprised ▇▇▇ the news.

① hear ② heard ③ to hearing ④ to hear

6 She went to the library ▇▇▇ some books.

① borrow ② borrowed ③ to borrow ④ borrowing

解答・解説

1 **正解：③**　He decided (to go) abroad. ☞**UNIT 19**

訳 彼は海外に行くことを決めました。

> decide（決定する）の目的語として、to go abroadが入る。

2 **正解：④**　She likes (to talk) with her friends. ☞**UNIT 19**

訳 彼女は友人と話をすることが好きです。

> like（好きである）の目的語として、to talkが入る。talkingも可。

3 **正解：①**　He has the ability (to speak) five languages.

訳 彼は5ヶ国語を話す能力を持っています。 ☞**UNIT 20**

> the abilityという名詞をto speak five languagesの部分で、後ろから説明している。

4 **正解：①**　Would you like something (hot to eat)?

訳 何か温かい食べ物はいかがですか？ ☞**UNIT 20**

> 「something 形容詞 to不定詞」の形を選ぶ。something hot to eatは「温かい食べ物」

5 **正解：④**　They were surprised (to hear) the news.

訳 彼らはそのニュースを聞いて驚きました。 ☞**UNIT 21**

> surprisedになった理由をto不定詞で表現することができる。

6 **正解：③**　She went to the library (to borrow) some books. ☞**UNIT 21**

訳 彼女は本を数冊借りるために図書館へ行きました。

> 目的を表すto不定詞を選ぶ。borrowは「借りる」という意味の動詞。

7 Our boss ▢ us work hard.

① made ② told ③ asked ④ help

8 My parents ▢ me go out alone.

① let ② asked ③ told ④ was made

9 I saw a man ▢ the street.

① crossed ② to cross ③ to crossing ④ cross

10 We enjoyed ▢ at the café.

① chatting ② chat ③ chatted ④ to chat

11 My son finished ▢ the book.

① to read ② read ③ for reading ④ reading

12 Would you mind ▢ off the radio?

① to turning ② to turn ③ turning ④ turn

解答・解説　

7 **正解：①** Our boss (made) us work hard.　☞**UNIT 22**

訳 私たちの上司は私たちを懸命に働かせました。

> 空所の後ろに「目的語＋原形不定詞」が置かれていることから、makeを用いる。helpは、helpsにするか、helpedにする必要がある。

8 **正解：①** My parents (let) me go out alone.　☞**UNIT 22**

訳 私の両親は私が1人で外出することを許しました。

> 空所の後ろに「目的語＋原形不定詞」が置かれていることから、letを用いる。let＋目的語＋原形不定詞で、「目的語が～することを許可する」という意味。

9 **正解：④** I saw a man (cross) the street.　☞**UNIT 22**

訳 私は男性が通りを横切るのを見ました。

> seeは「目的語＋原形不定詞」を後ろに置いて、「目的語が～するのを見る」という形で用いることができる。crossは「横切る」という意味の動詞。

10 **正解：①** We enjoyed (chatting) at the café.　☞**UNIT 23**

訳 私たちは喫茶店でおしゃべりを楽しみました。

> enjoyの後ろでは、動詞の形は動名詞にする。

11 **正解：④** My son finished (reading) the book.　☞**UNIT 23**

訳 私の息子は本を読み終えました。

> finishの後ろでは、動詞の形は動名詞にする。

12 **正解：③** Would you mind (turning) off the radio?

訳 ラジオを消していただけませんか？　　☞**UNIT 23**

> mindの後ろでは、動詞の形は動名詞にする。また、Would you mind ～ ing?で「～していただけませんか」という意味の、相手に何かを依頼する表現になる。

Step 2 穴埋めスピーキング！

日本語の文を見て、 の中に適切な英語を入れて全文を言ってみましょう！

1 彼女がそこへ１人で行くことは不可能です。

It is 　　　 　　　 　　　 　　　 　　　 there alone.

2 私はするべきことがたくさんあります。

I have a lot of things 　　　 　　　 .

3 私はあなたに会えてとても嬉しいです。

I am very happy 　　　 　　　 you.

4 私の上司は私が働く手助けをしてくれました。

My boss 　　　 me with my 　　　 .

5 部屋の鍵をかけることを忘れないで。

Don't 　　　 　　　 　　　 the door.

解答・解説

1 It is (impossible) (for) (her) (to) (go) there alone. ☞**UNIT 19**
訳 彼女がそこへ1人で行くことは不可能です。

> ✎ Itを指している部分が、(for her) to go there alone。形式主語構文。

2 I have a lot of things (to) (do). ☞**UNIT 20**
訳 私はするべきことがたくさんあります。

> ✎ a lot of thingsの部分をto do（するべき）という不定詞の意味のまとまりで説明する。

3 I am very happy (to) (meet [see]) you. ☞**UNIT 21**
訳 私はあなたに会えてとても嬉しいです。

> ✎ happyになった理由をto不定詞で表現する。meetでもseeでも可。

4 My boss (helped) me with my (work). ☞**UNIT 22**
訳 私の上司は私が働く手助けをしてくれました。

> ✎ helpは「目的語＋原形不定詞」か「目的語＋to不定詞」のいずれもとることができるが、今回は空所の数を考えて前者を使う。

5 Don't (forget) (to) (lock) the door. ☞**UNIT 23**
訳 部屋の鍵をかけることを忘れないで。

> ✎ 「これから～しなければならないことを覚えておいて」という表現では、Don't forget＋to不定詞.という表現を用いる。lock the doorは、「ドアの鍵をかける」という表現。

Step 3 自力でスピーキング！

日本語を見て、英文を作って言ってみましょう！

1 It is important for _____ .

(我々にとって健康を気づかうことは 重要です)

2 I have _____ .

(私は あなたと話す時間が十分 あります)

3 I went to the park _____ .

(私は サッカーをするために 公園へ行きました)

4 My parents helped _____ .

(私の両親は 私が自転車に乗る 手助けをしてくれました)

5 I enjoyed _____ .

(私は 彼女と電話で話すことを 楽しみました)

解答例・解説

1 It is important for us to take care of our health. ☞**UNIT 19**

> 形式主語構文のIt is ... for 〜 to不定詞を続ければ良い。take care of 〜は「〜の世話をする」や「〜を気づかう」という意味の熟語。

2 I have plenty of time to talk with[to] you. ☞**UNIT 20**

> I haveの後ろに置いた名詞を、to不定詞の意味のまとまりで説明をする文。「するべきことがたくさんある」ならa lot of things to doと、「スーパーで買うものがある」ならsomething to buy at the supermarketと表現できる。

3 I went to the park to play soccer. ☞**UNIT 21**

> 目的をto不定詞で表す。「散歩する」ならtake a walkを、「祭りを見る」ならsee a festivalと表現できる。

4 My parents helped me (to) ride a bicycle. ☞**UNIT 22**

> helpは、「目的語＋原形不定詞」か「目的語＋to 不定詞」のどちらかの語順を用いて文を作るのでしたね。ride a bicycleは「自転車に乗る」という意味。

5 I enjoyed talking with[to] her on the phone. ☞**UNIT 23**

> enjoyの後ろなので、動名詞の意味のまとまりを使うことになる。with herとon the phoneの順番は逆でも可。I enjoyed listening to music. なら「私は音楽を聞くことを楽しみました」、I enjoyed dancing to music. なら「私は音楽に合わせて踊ることを楽しみました」の意味になる。

必勝パターン⑤

不定詞も動名詞も
もともとは動詞だったのに、
姿を変えて名詞や副詞や形容詞の
働きに代わってしまいました。
人間が魚に変わった半魚人の
ようなものですね！

SECTION 6

● ●

分詞と分詞構文

このセクションでは、残った準動詞——「**分詞**」と「**分詞構文**」
を勉強します。「分詞」とは動詞を、Ving形やVpp形に変えるこ
とによって、「形容詞」のような働きをさせる用法のことを言い
ます。また分詞構文は、やはり、動詞をVing形やVpp形に変える
のですが、こちらは「副詞」のような働きをして、「ので」「とき」
「ならば」「ながら」など、さまざまな意味で、主文を修飾する部
分を作ります。分詞でも分詞構文でも、Ving形は「する」という
能動的な意味、Vpp形は「される」という受動的な意味を持ちます。

UNIT 24 VingやVppで形容詞の働きをする！

現在分詞と過去分詞

 DL-41　例文

> 前から修飾するものと後ろから修飾するものがあるよ

❶ ☐ Look at the people sitting on the grass.

❷ ☐ Excited spectators rushed to the gate.

例文訳
❶ 芝生の上に座っている人々を見なさい。
❷ 興奮した観客が門に押し寄せた。

▶ 分詞は形容詞の働きをする！

「分詞」とはVingやVppという動詞の変化形で、形容詞の働きをするものを言います。

Ving形の「現在分詞」は、「Vする」「Vしている」という意味で使われます。

⇐公式57
分詞は形容詞の働き

⇐公式58
現在分詞⇒「する」「している」

例文1の、sitting on the grass (芝生の上に座っている) は、動名詞ではなく分詞です。この部分はpeople (人々) という名詞を、後ろから修飾していますね。名詞を修飾しているのですから、形容詞の働きをしている「分詞」と言えます。

現在分詞は、sitting on the grassのように、修飾部分と合わせて2語以上の句になるときは、名詞を後ろから修飾します。しかし、Look at the running dog. (走っている犬を見なさい) のように、分詞がrunningという1語の場合には、名詞を前から修飾することができます。

⇐公式59
過去分詞⇒「される」「された」

Vpp形の「過去分詞」は、「Vされる」「Vされた」

114

という意味で使われます。

　例えば、broken window（壊された窓）という場合、brokenがwindowという名詞を修飾しています。また、This is the doll made by my mother.（これは私の母親によって作られた人形だ）という場合は、修飾語が2語以上なので、後ろからdollという名詞を修飾します。

▶「させる」動詞に要注意！

　分詞に関して、特に注意しなければならないのは、「させる」という意味を含んだ動詞を分詞にする場合です。

　例文2で使われている、excite という動詞は、「興奮する」という意味ではなく、「興奮させる」という意味を持っています。

　この動詞をVing形のexcitingとすると、「興奮させるような」という意味になり、Vpp形のexcitedとなると、「興奮させられた」すなわち「興奮した」という意味になるのです。

◀ CHECK!

まぎらわしいので注意してね

　例文2の場合、主語である「観客」は「興奮させた」のではなく、「興奮させられた」はずですね。だから、excitedという過去分詞形が使われているのです。

まとめ

【「させる」動詞】

☐ excite　　　　興奮させる
　※excited　　　興奮させられた⇒興奮した；わくわくした

☐ interest　　　興味を持たせる

☐ bore　　　　　退屈させる

☐ please　　　　喜ばせる

☐ disappoint　　がっかりさせる

UNIT 25 Vingで副詞の働きをする！

分詞構文の基本
ぶん し こうぶん

DL-42 例文

> 分詞構文は副詞の役割をするんだ

① ☐ **Knowing the story, he couldn't enjoy the movie.**

② ☐ **Having eaten lunch, he went out to buy some ice cream.**

例文訳 ❶ 話を知っていたので、彼は映画を楽しめなかった。
❷ 昼食を食べ終わったので、彼はアイスクリームを買いに行った。

▶ 文全体や動詞を修飾する

「分詞構文」とは、動詞のVing形で、文全体や 動詞を修飾し、副詞のような働きをするものを言います。

⇐公式60
副詞の働きをする

例文1では、Knowing the story（話を知っていたので）という分詞構文の部分が、couldn't enjoy（楽しめなかった）という動詞を修飾して、副詞的な働きをしていますね。

分詞構文には、「Vするので」という「理由」、「Vするとき」という「時」、「Vするならば」という「条件」、「Vして；Vしながら」という「付帯状況」、「Vするけれども」という「譲歩」、「そしてVする」という「結果」など、さまざまな意味があります。

⇐公式61
意味は文脈で理解する

ただ、分詞構文の意味は、そもそもあいまいなものなので、訳を厳密に追求するのではなく、文脈から適当に当てはめていけばいいのです。

分詞構文で注意すべきことは、<u>分詞構文の主語と、主文の主語が同じ</u>でなければならない、ということです。　　　← CHECK!

> 主語が一致すべき！

例文1では、「話を知っている」のも「彼」、「楽しめない」のも「彼」で、分詞構文の主語と主文の主語は同じですね。

意味は近くても、この文をKnowing the story, the movie was not interesting.と書くことはできません。

▶ 分詞構文と主文の時制

もう1つ注意しなくてはならないのは、<u>通常の Vingの分詞構文の場合、分詞構文の表す時間と主文の表す時間は同じだ</u>、ということです。例文1では、「話を知っている」

← CHECK!

> 時制も一致が原則！

のも、「映画を楽しめなかった」のも、同じ時点の出来事ですね。

それでは、分詞構文の表す時間が、主文の表す時間より前の場合はどうすればいいのでしょうか。例文2では、「昼食を食べ終わった」その後に、「アイスクリームを買いに出かけた」わけですから、分詞構文の表す時間は主文の表す時間より前ということになります。このように**分詞構文の表す時間が主文の表す時間よりも前である場合には、having Vppという分詞構文の形を使います。**これで、「Vしたので」「Vしたけれども」

⇐公式62

> 主文より過去の分詞構文

というように、主文より過去の意味の分詞構文を作ることができます。

😊 **まとめ**

【分詞構文の持つ意味】
　□ 意味はあいまいなので文脈から判断する

【分詞構文の注意点】
　□ 主語が同じ　　　□ 表す時間が同じ

【主文より過去の時点を表す分詞構文】　　□ Having Vpp

UNIT 26

VingなのかVppなのかは主文の主語で決める！

受動分詞構文
<ruby>受<rt>じゅ</rt></ruby><ruby>動<rt>どう</rt></ruby><ruby>分<rt>ぶん</rt></ruby><ruby>詞<rt>し</rt></ruby><ruby>構<rt>こう</rt></ruby><ruby>文<rt>ぶん</rt></ruby>

DL-43　　例文

> 分詞構文は受け身にもできるよ

❶ ☐ Seen from here, the mountain looks like a human face.

❷ ☐ Damaged by the storm, the bridge is not usable.

例文訳　❶ ここから見ると、山は人の顔のように見える。
❷ 嵐による被害で、橋は使い物にならない。

▶ 過去分詞で始めるのがふつう

When it is seen from here, the mountain looks like a human face.という文を分詞構文を使った文にすると、従節のbe動詞をVing形にして、Being seen from here, the mountain looks like a human face.という文になりますね。

しかし、受動態の分詞構文では、通常、文頭にbeingという言葉はあまり使われず、過去分詞形だけが前に出てSeen from hereのような形になります（例文1）。

このような、**受動態の分詞構文で、過去分詞形だけが前に残った分詞構文のこと**を、「受動分詞構文」と呼んでいます。

⇐公式63
受動分詞構文とは

▶ 過去時制の場合も同じ形が可能

　それでは、Because it was damaged by the storm, the bridge is not usable.という文を、分詞構文を使った文に書き換えるとどうなるでしょうか。

　この場合は、「過去に嵐によって被害を受けた」のと「現在、橋が使えない」こととの間に時間のズレがあるので、Having been damaged by the storm, the bridge is not usable.となるはずですね。

　しかし、この場合も先ほどと同様にhaving beenを省略してしまうことがあり、Damaged by the stormという形だけが残るのです（例文2）。

　つまり、**受動分詞構文では時間のズレを示す必要がなく、主文より前の時点のことでも先頭に過去分詞形を使うことができる**のです。

⇐公式64
時間のズレは示す
必要がない

　ふつうの分詞構文と受動分詞構文を区別する場合には、日本語の意味にとらわれず主文の主語を基準にして考えます。

　主文の主語が「する」のであればVingを使い、主文の主語が「される」「された」のであればVpp形を使います。

⇐公式65
能動か受動かの区別

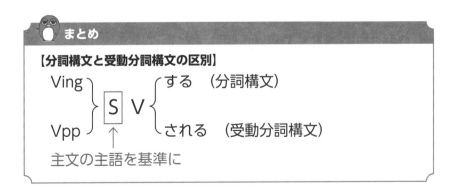

まとめ

【分詞構文と受動分詞構文の区別】

Ving　　　　する　（分詞構文）

　　　}　S V　{

Vpp　　　　される　（受動分詞構文）

　　　　↑
主文の主語を基準に

Step 1 4択スピーキング！

・・・・・・・・・・・・・・・・・・・・・・・・・・・・・・・・・・
■■■の中に入るのに適切な語句を①〜④の中から選んで全文を声に出して言ってみましょう！

1 Look at the ■■■ vase.

① break ② broke ③ broken ④ breaking

2 What is the bird ■■■ over there?

① fly ② flies ③ flew ④ flying

3 ■■■ the wild bear, he ran away.

① See ② Seeing ③ Seen ④ To be seen

4 ■■■ breakfast, he read the newspaper.

① Having eaten ② To do ③ Done ④ To eating

5 ■■■ wisely, the new computer is very effective.

① Used ② Using ③ To using ④ To be used

6 ■■■ in haste, the passage has a lot of mistakes.

① Writing ② To write ③ To be writing ④ Written

解答・解説

---

1 正解：③ Look at the (broken) vase. ☞**UNIT 24**

訳 壊された花びんを見てください。

> vase（花びん）という名詞を前から説明する分詞を選ぶ。「花びん」とbreak「壊す」の関係は、受動なので、broken（壊された）を選ぶ。

2 正解：④ What is the bird (flying) over there?

訳 向こうで飛んでいる鳥は何ですか？ ☞**UNIT 24**

> 空所＋over thereの意味のまとまりで、後ろからthe birdという名詞を説明する。the birdとfly（飛ぶ）の関係は、能動なので、flyingにする。

3 正解：② (Seeing) the wild bear, he ran away. ☞**UNIT 25**

訳 野生のクマを見て、彼は逃げ出した。

> , （カンマ）の後ろの主語heはsee（見る）なので、Seeing。

4 正解：① (Having eaten) breakfast, he read the newspaper.

訳 朝食を終えると、彼は新聞を読みました。 ☞**UNIT 25**

> , （カンマ）の後ろの主語との能動関係を作り、朝食を食べることと新聞を読むこととの時制のズレを確認することができるため、Having eatenを選ぶ。

5 正解：① (Used) wisely, the new computer is very effective. ☞**UNIT 26**

訳 賢く使えば、その新しいコンピューターはとても効果的です。

> the new computerと「使う」との関係が受動であるため、Usedにする。

6 正解：④ (Written) in haste, the passage has a lot of mistakes.

訳 急いで書かれたので、その文章はたくさんの間違いがあります。 ☞**UNIT 26**

> the passageと「書く」の関係が受動であるため、Writtenにする。

Step 2　穴埋めスピーキング！

日本語の文を見て、 の中に適切な英語を入れて全文を言ってみましょう！

1 その試合はとてもワクワクさせるものでした。

The game was ▢ ▢ .

2 その知らせを聞き、彼はショックを受けた。

▢ the news, he was shocked.

3 台風に襲われて、その村は破壊された。

▢ by a typhoon, the village was destroyed.

Step 3　自力でスピーキング！

日本語を見て、英文を作って言ってみましょう！

1 Look at the baby ▢ .

(向こうで泣いている 赤ちゃんを見なさい)

2 ▢ , I went to sleep.

(お風呂に入った後 私は寝ました)　※Having＋過去分詞形で！

3 ▢ , the smartphone is very useful.

(注意して使えば そのスマホはとても役に立ちます)

解答（例）・解説

DL-45

Step 2

1 The game was (very) (exciting). ☞**UNIT 24**

訳 その試合はとてもワクワクさせるものでした。

> ✎ 主語のThe gameは「（人を）ワクワクさせるような」と考えることができるので、excitingにする。

2 (Hearing) the news, he was shocked. ☞**UNIT 25**

訳 その知らせを聞き、彼はショックを受けた。

> ✎ , （カンマ）の後ろの主語（=he）が、「聞く」という能動の関係を作ることができるため、Hearingにする。

3 (Hit) by a typhoon, the village was destroyed. ☞**UNIT 26**

訳 台風に襲われて、その村は破壊された。

> ✎ the villageと「襲う」の関係が受動であるため、Hit[Struck]にする。byがあることからも受動の関係であることがわかる。

Step 3

1 Look at the baby crying over there. ☞**UNIT 24**

> ✎ the babyを後ろから説明する分詞の意味のまとまりを作る。「ベッドで眠っている」ならsleeping on the bedで、「おもちゃで遊んでいる」ならplaying with a toyで表現できる。

2 Having taken a bath, I went to sleep. ☞**UNIT 25**

> ✎ 分詞構文の部分が、went to sleepよりも前の内容であることを表すことができるHaving ＋過去分詞形で書く。「仕事を終えて」ならHaving done my workで、「ワインを飲んで」ならHaving drunk some wine で表現できる。

3 Used carefully, the smartphone is very useful. ☞**UNIT 26**

> ✎ the smartphoneとの関係が受動であることを意識して、分詞構文の意味のまとまりを作る。「単純に作られており」ならMade simplyで、「以前のものと比較して」ならCompared with the old oneで表現できる。

必勝パターン⑥

修飾される名詞や主文の
主語になりきって、「する」のか
「される」のかを考えてみよう。
「する」だったら現在分詞、
「される」だったら過去分詞が
鉄則だよ！

SECTION 7

● ● ● ● ● ● ● ● ● ● ● ● ● ● ● ● ● ●

関係詞

このセクションでは、名詞を後ろで修飾するときに使われる「**関係詞**」の勉強をします。関係詞を使った節によって修飾される名詞のことを「**先行詞**」と呼びます。また、関係詞には「**関係代名詞**」と「**関係副詞**」があり、さらに関係代名詞には「**主格**」と「**所有格**」と「**目的格**」があります。新しい用語がたくさん出てきてたいへんですが、ここでは混乱しないように、ていねいに1つずつ勉強していきましょう。

関係代名詞の主格

DL DL-46　例文

> 関係代名詞の主格は
> 後の動詞の主語だよ

❶ ☐ **The man who[that] lives next door is my uncle.**

❷ ☐ **Did you attend the meeting which[that] was held yesterday?**

例文訳　❶ 隣に住んでいる人は私の叔父です。
❷ あなたは昨日行われた会合に出席しましたか。

▶「関係代名詞＋動詞」が直前の先行詞を修飾する！

　「関係代名詞」とは、名詞の後ろに節を使った修飾部分を置くときに「つなぎ言葉」として使われるwhoやwhichなどの言葉のことを言います。ここではまず、関係代名詞の中の「主格」という用法について勉強しましょう。

　関係代名詞の主格の後ろには、動詞が置かれます。そして、「関係代名詞＋動詞」という形で、直前の名詞を修飾・説明しています。

　なお、関係代名詞を使って説明される直前の名詞のことを「先行詞」と言います。

　例文1では、who lives next doorという「関係代名詞＋動詞」の部分が、直前のthe manという先行詞を修飾していますね。

← CHECK!

「関係代名詞」
は節をみちびく
「つなぎ言葉」

⇐公式66
主格の用法の基本

← CHECK!

先行詞とは！

また、例文2では、which was held yesterdayという「関係代名詞＋動詞」の部分が、the meetingという先行詞を修飾しています。

▶ who / which / that 先行詞の種類に合わせるべし！

関係代名詞の主格の用法では、先行詞が人間を表す場合は「who＋動詞」の形を使い、先行詞が物の場合は「which＋動詞」の形を使います。

⇐公式67

「人」ならwho
「物」ならwhich

who、whichどちらの関係代名詞もthatに置き換えることができます。

← CHECK!

thatは「人」でも「物」でも

また、関係代名詞の直後の動詞の形は、先行詞に合わせなければなりません。

例えば、先行詞が三人称単数の名詞であるならば、関係代名詞の直後の動詞には、当然、三単現のsを付けなければなりません。

😮 **まとめ**

【主格の関係代名詞】

先行詞 {
人 ── who[that] V
物 ── which[that] V
}

※動詞の形は先行詞に合わせる

UNIT 28　先行詞の持ち物を修飾する！

かんけいだいめいし しょゆうかく
関係代名詞の所有格

DL-47　例文

> whoseの後ろに先行詞の所有物がくるよ

❶ ☐ Did you meet the man whose son got the prize?

❷ ☐ The house whose roof you can see over there is owned by Bill.

例文訳　❶ あなたは息子が賞を取った男性に会いましたか。
❷ あそこに屋根が見える家はビルの所有物だ。

▶先行詞が物でも人でもwhose

次に、関係代名詞の「所有格」について見ていきましょう。

**関係代名詞の所有格は、先行詞が持っているも
の、つまり所有物を修飾・説明したい場合に使わ
れます。**　←公式68　所有格の用法

**所有格の関係代名詞は、先行詞が物でも人でも
whoseです。**　←公式69　「人」でも「物」でもwhose

まず、関係代名詞whoseの後ろに先行詞の所有
物を置きます。

例文1では、先行詞のthe man（男性）の所有物であるson（息子）、
例文2では、先行詞のthe house（家）の所有物であるroof（屋根）が置
かれていますね。

所有物の後ろには、直後に動詞を置いたり、主語・述語の節を置くこ
とができます。

　例文1では、got the prizeというように直後に動詞が置かれていますが、例文2では、you can see over thereというように節が置かれていますね。このように、**whoseの後ろには動詞が置かれる場合とSVが置かれる場合があります。**

←公式70

後ろには動詞やSV を置くことができる

 まとめ

【所有格の関係代名詞】

　先行詞 whose 所有物 V

　先行詞 whose 所有物 S V φ

※φ：他動詞や前置詞の後ろで名詞が抜けているという印です

関係代名詞の目的格

目的格は省略されていることも多いからね

❶ ☐ **That is the man (whom[that]) Meg loves very much.**

❷ ☐ **Did you bring the pictures (which[that]) you took yesterday?**

例文訳 ❶ あれが、メグがとても愛している男性だ。
❷ 昨日あなたが撮った写真を持ってきましたか。

▶ 目的語が抜けている不完全な文になる

関係代名詞の中で最も重要なものが、「目的格」という用法です。

目的格の関係代名詞の直後にはSVが置かれる ⇐公式71
のですが、この部分は必ず、他動詞や前置詞の目 必ず不完全な文になる
的語が抜けている不完全な文でなければなりません。これが第1のルールです。

例文1で、関係代名詞の後ろにある部分では、lovesという他動詞が使われています。しかし、lovesという他動詞の後ろには目的語がありませんね。その点で、この部分は不完全な文になっています。

もう1つのルールは、このような名詞が抜けている個所に先行詞を挿入すると完全な文になるということです。

例文1の先行詞を目的語が抜けている個所に入れると、Meg loves the man very much.という正しい文が完成しますね。

例文2でも、目的格の関係代名詞の後ろを見ると、tookという他動詞

の後ろは目的語が抜けています。

　ここに、先行詞のthe picturesを挿入すると、You took the pictures yesterday.という完全な文が成立します。

　関係代名詞の目的格を使った文では、必ずこうした2つのルールが成立しなければなりません。

▶ 口語では省略されるかthatを使う

　目的格の関係代名詞は、**先行詞が人の場合whom、物の場合whichですが、多くの場合これらは省略されてしまいます。**

⇐公式72
省略されることが多い

　口語では目的格の関係代名詞はほとんど省略され、省略しない場合にも先行詞が物ならthatを使うのがより自然な英語とされています。

⇐ CHECK!

口語ではthatが自然

　ただ、関係代名詞が省略されても、2つのルールは変わらないので、省略を見抜き、そこに関係代名詞を補って考えるようにしましょう。

😮 **まとめ**

【目的格の関係代名詞】

人　(whom[that])　S V φ ─┐
　　　　　　　　　　　　　　├─(不完全な文)
物　(which[that])　S V φ ─┘

※ φ：他動詞や前置詞の後ろで名詞が抜けているという印です
※ φの部分に先行詞を置くと、完全な文ができます

Unit30 働きは関係代名詞と同様！しかし…

基本的な関係副詞

 DL-49　　例文

> 関係副詞の直後は完全な文になるよ

① ☐ **This is the spot where he had the accident yesterday.**

② ☐ **Do you know the reason why she was absent?**

例文訳
❶ ここが彼が昨日事故に遭った場所だ。
❷ あなたは、彼女が欠席した理由を知っていますか。

▶ 直前の先行詞を修飾・説明する

　関係代名詞と同じように、**後ろに節を置いて直前の先行詞を修飾・説明することができる**のが「**関係副詞**」です。

⇐公式73
関係副詞の働き

　関係副詞にはwhere、when、whyなどがあり、先行詞によって使い分けられます。

　関係代名詞と異なるのは、**関係副詞の直後には必ず「完全な文」が置かれなければならないこと**です。

⇐公式74
直後は完全な文が置かれる

　例文1を見ると、whereの後ろには他動詞や前置詞の目的語が抜けているところはなく、完全な文が続いているのがわかります。

132

▶ where / when / why　場所・時・理由で使い分け

　関係副詞は、**先行詞が「場所」の場合はwhereを、「時」の場合はwhenを使います。**

←公式75
「場所」⇒where
「時」⇒when

　ただ、whereの前の先行詞がthe place（場所）であったり、whenの前の先行詞がthe time（時）であったりする場合、わかりきっている先行詞を省略することがよくあります。

◀ CHECK!

先行詞を省略できる

　例文1では、「場所」とわかりきっているthe spotを省略して、This is where he had the accident yesterday.となることがあります。

　例文2のように、先行詞がthe reason（理由）の場合には、whyという関係副詞を使います。

◀ CHECK!

「理由」⇒why

　このwhyを使う場合は、先行詞のthe reasonを省略しても、関係副詞のwhyを省略してもかまいません。

　例文2は、Do you know the reason she was absent? や、Do you know why she was absent?と書き換えることができます。

👀 まとめ

【関係副詞】

　関係副詞の後には「完全な文」が続く

　場所 where S V ─┐

　時 when S V ───┤──（完全な文）

　the reason why S V ─┘

　※the reason かwhyのどちらかを省略してもよい

Unit 31 適応可能なのはwhichとwhomだけ！

前置詞＋関係代名詞

（ぜんちし）（かんけいだいめいし）

DL-50　例文

関係副詞と関係代名詞の
違いをしっかり覚えてね

❶ ☐ This is the house where he lived in his youth.

❷ ☐ This is the house (which[that]) he lived in in his youth.

❸ ☐ This is the house in which he lived in his youth.

例文訳　❶❷❸ これが彼が若いころ住んでいた家だ。

▶ where = in + which 例文を使って確認しよう！

　例文1は、the houseが先行詞で、関係副詞のwhereが使われているので、直後には完全な文が置かれなければなりませんね。

　in his youthは修飾部分なので切り離して考えると、直後の文はhe livedとなり、自動詞のlivedで文が終わっています。これは完全な文です。

　例文2は、関係代名詞の目的格であるwhichが使われているので、直後には不完全な文が使われなければなりません。

　in his youthを切り離して考えると、he lived in となります。

　inという前置詞には、本来目的語が必要ですね。しかし、inの目的語がありません。これは不完全な文です。

　また、inの後ろに先行詞のthe houseを挿入すると、he lived in the houseという完全な文ができあがります。

134

▶ 関係代名詞の前に前置詞が置ける場合がある

ここまでは、すでに勉強済みですが、実は例文2のhe lived inのinという前置詞を、関係代名詞の前に移動させることができるのです。

例文3では、関係代名詞のwhichの前にinが置かれ、後ろの文はhe livedと完全な文になっています。

このように、**目的格の関係代名詞の直後にくる不完全な文の末尾に置かれている前置詞を、目的格の関係代名詞の前に移動することができる**のです。

⇐公式76
前置詞の位置

そして、前置詞が移動して前に置かれると、直後には自動詞で終わる完全な文が続くようになります。

関係代名詞の直前に前置詞を置くことができるのは、whichとwhomで、関係代名詞thatの前には置くことはできません。

⇐公式77
前に前置詞を置けるのはwhichとwhom

まとめ

【前置詞＋関係代名詞】

先行詞 $\left\{\begin{array}{l}(\text{whom}) \\ (\text{which})\end{array}\right\}$ S V 前置詞 φ

＝ 先行詞 ＋ 前置詞 $\left\{\begin{array}{l}\text{whom} \\ \text{which}\end{array}\right\}$ S V （完全な文）

<ruby>関係詞<rt>かんけいし</rt></ruby>の<ruby>非制限用法<rt>ひせいげんようほう</rt></ruby>

 DL-51　例文

関係詞が前の文全体を
受けることがあるよ

❶ ☐ I went to Seoul, where I first met her.

❷ ☐ She laughed at me, which offended me a lot.

例文訳　❶ 私はソウルに行ったが、そこは私が初めて彼女に会った場所だ。
❷ 彼女は私のことを笑ったが、それは大いに私の感情を害した。

▶「コンマ＋関係代名詞」の後ろは追加や補足

　例文1のSeoul（ソウル）のような、<ruby>先行詞<rt>せんこうし</rt></ruby>が、それを見ただけで意味がはっきりする固有名詞のようなものの場合や、説明を加えて他のものと区別する必要がない場合には、先行詞と<ruby>関係詞<rt>かんけいし</rt></ruby>の間にコンマが打たれます。

　このような**コンマを使う用法**のことを、「関係詞の<ruby>非制限用法<rt>ひせいげんようほう</rt></ruby>」と言います。

⇐公式78
非制限用法とは

　非制限用法では、コンマの後ろに続く関係詞の部分は追加や補足として使われます。

⇐公式79
関係詞の部分は追加や補足

▶「, which」が前の部分全体を受けることもある！

　例文2で使われている「, which」は特定の名詞ではなく、関係詞より前の部分全体が先行詞になっています。

　ここでは、「彼女が私を笑った」という事実が、「大いに私の感情を害した」わけです。

　このように**「, which」は特定の名詞ではなく、前の文や節、あるいは全体の内容などを先行詞とすることもできる**のです。thatはこの形では使えません。

⇐公式80
文や節などを受ける

 まとめ

【制限用法と非制限用法】

　□ 制限用法　⇒先行詞　関係詞…

　　　　　　　　コンマなし。訳し上げることが多い

　□ 非制限用法　⇒先行詞，関係詞…

　　　　　　　　コンマあり。関係詞以下を補足として訳す

　※非制限用法の「, which」は、前の文や節などを先行詞にすることができる

<ruby>関係代名詞<rt>かんけいだいめいし</rt></ruby>のwhat

音声DL DL-52 例文

> whatはthe thing(s) which を1語で表す言葉だよ

① ☐ **That's what happened yesterday.**

② ☐ **What I need now is your help.**

例文訳 ❶ それが昨日起こったことです。
❷ 私が今必要としているのは、あなたの助けだ。

▶ what ＝ 先行詞＋which

<ruby>関係代名詞<rt>かんけいだいめいし</rt></ruby>のwhatは、「こと」「もの」という<ruby>先行詞<rt>せんこうし</rt></ruby>の意味がすでに含まれている言葉です。

⇐公式81
whatは先行詞を含む

whatをthe thing(s) which ... と書き換えてみると、わかりやすくなるでしょう。

つまり、このwhat1語で、the thing(s)という先行詞とwhichという関係代名詞の2つの役割を果たすことができるのです。

◀ CHECK!
1語で2役！

▶ 主格にも目的格にもなれる

関係代名詞のwhatは、**主格としても目的格としても使うことができます。**

⇐公式82
主格でも目的格でも使える

主格であれば、whatの直後に動詞が置かれ、「Vするもの」「Vすること」という意味になります。

　また、目的格であれば、whatの後ろにはSVφという不完全な文が置かれ、「SがVするもの」「SがVすること」という意味になります。

　こうした働きをすることから、whatで始まる部分はそれ1つで大きな名詞の働きをします。

　例文1では、「That is C」のCに置かれる名詞の働きを、what happened yesterday（昨日起こったこと）という部分が果たしているのです。

　例文2では、what I need now（私が今必要なもの）の部分が、主語の働きをしています。

 まとめ

【関係代名詞のwhat】

□ what V = the thing(s) which V
　　Vする物・事

□ what S V = the thing(s) which S V φ
　　SがVする物・事

Step 1 4択スピーキング！

　　　の中に入るのに適切な語句を①～④の中から選んで全文を声に出して言ってみましょう！

1 I know a woman ▮▮▮ works for the company.

① whom ② the ③ who ④ which

2 I have two dogs ▮▮▮ are from Russia.

① who ② whose ③ whom ④ which

3 He is a politician ▮▮▮ policies I like.

① which ② who ③ whose ④ that

4 She has a racket ▮▮▮ price is very high.

① whose ② which ③ that ④ who

5 The message ▮▮▮ he left last night was surprising.

① whose ② who ③ that ④ what

6 The man ▮▮▮ we were waiting for was Mr. Smith.

① which ② who ③ whose ④ whom

解答・解説

1 **正解：③**　I know a woman (who) works for the company.

訳 私はその会社で働く女性を知っています。　　　　　☞ **UNIT 27**

> 🖉 先行詞が、a womanという人を表す名詞であることと、直後がworksという動詞であることから、主格の関係代名詞のwhoを選ぶ。

2 **正解：④**　I have two dogs (which) are from Russia.

訳 私はロシア生まれの犬を2匹飼っています。　　　　☞ **UNIT 27**

> 🖉 先行詞がtwo dogsという人ではないものを表す名詞であることと、直後がareという動詞であることから、主格の関係代名詞のwhichを選ぶ。

3 **正解：③**　He is a politician (whose) policies I like. ☞ **UNIT 28**

訳 彼は、私が気に入っている政策を持つ政治家です。

> 🖉 先行詞a politicianと、空所の後ろのpoliciesには所有の関係があるためwhose。

4 **正解：①**　She has a racket (whose) price is very high.

訳 彼女は、価格が非常に高いラケットを持っています。　　☞ **UNIT 28**

> 🖉 先行詞a racketと、空所の後ろのpriceには所有の関係があるためwhose。

5 **正解：③**　The message (that) he left last night was surprising.

訳 彼が昨夜残したメッセージは驚くべきものでした。　　☞ **UNIT 29**

> 🖉 先行詞がThe messageで、空所の後ろには主語＋動詞があるので、目的格の関係代名詞が入る。

6 **正解：④**　The man (whom) we were waiting for was
Mr. Smith.　　　　　　　　　　　　　　　☞ **UNIT 29**

訳 私たちが待っていた男性はスミスさんでした。

> 🖉 先行詞がThe manで、空所の後ろには主語＋動詞があるので、目的格の関係代名詞が入る。先行詞が人の場合の目的格の関係代名詞はwhom。

7 This is the town ▨ my family lives.

① which ② that ③ when ④ where

8 This is the city ▨ my family used to live.

① in which ② for which ③ when ④ in where

9 The day ▨ he was born is August 25th.

① to which ② on which ③ which ④ where

10 I'm going to go to Shizuoka, ▨ my family has lived for 10 years.

① which ② that ③ to which ④ where

11 My father forgot ▨ he had promised.

① what ② that ③ to ④ which

解答・解説

7 **正解：** ④ This is the town (where) my family lives.

訳 これが私の家族が住んでいる街です。　　　　　☞UNIT 30

> 先行詞が場所を表すthe townで、空所の後ろが完全な文なので、where。

8 **正解：** ① This is the city (in which) my family used to live.　　　　　　　　　　　　　　　　　☞UNIT 31

訳 これが私の家族が以前住んでいた都市です。

> 先行詞が場所を表すthe cityで、空所の後ろが完全な文。live in ～（～に住む）で使われる前置詞のinを用いて、in whichにする。

9 **正解：** ② The day (on which) he was born is August 25th.　　　　　　　　　　　　　　　　　☞UNIT 31

訳 彼が生まれた日は8月25日です。

> 先行詞が場所を表すThe dayで、空所の後ろが完全な文。on the day（その日に（日付とともに使う前置詞はon））で使われる前置詞を用いて、on which。

10 **正解：** ④ I'm going to go to Shizuoka, (where) my family has lived for 10 years.　　　☞UNIT 32

訳 私は家族が10年間住んでいる静岡に行くつもりです。

> 空所の後ろが完全な文のため、関係代名詞は使えない。Shizuokaを先行詞にして、where。

11 **正解：** ① My father forgot (what) he had promised.

訳 私の父は、彼が約束したことを忘れた。　　　　☞UNIT 33

> 空所からpromisedまでが目的語になり、その節の中ではpromisedの目的語が欠けているのでwhatが正解とわかる。

Step 2 穴埋めスピーキング！

日本語の文を見て、 の中に適切な英語を入れて全文を言ってみましょう！

1 向こうに立っている建物は、教会です。

The building 　　　 　　　 over there is a church.

2 私は羽が美しい鳥を見ました。

I saw a bird 　　　 　　　 　　　 　　　 .

3 あなたが好きな人を招待してくれませんか？

Would you invite someone 　　　 　　　 ?

4 昨晩私たちが行ったレストランは、とても良いものでした。

The restaurant 　　　 　　　 　　　 last night was very good.

5 私は、ニューヨークに住んでいるタカシに会いに行った。

I went to see Takashi, 　　　 　　　 in New York.

6 彼女が昨日言ったことは、私をいらだたせた。

　　　 　　　 　　　 yesterday made me annoyed.

解答・解説

1 The building (which [that]) (stands) over there is a church.

訳 向こうに立っている建物は教会です。 ☞**UNIT 27**

> 先行詞がThe buildingであるため、関係代名詞はwhichまたはthat。先行詞が
> 単数形のため、置かれる動詞はstandsにする。

2 I saw a bird (whose) (wings) (were) (beautiful). ☞**UNIT 28**

訳 私は羽が美しい鳥を見ました。

> a birdとwhoseに続く名詞のwingsに所有の関係を作る。which[that] has
> beautiful wingsも可。

3 Would you invite someone (you) (like)? ☞**UNIT 29**

訳 あなたが好きな人を招待してくれませんか？

> 先行詞がsomeoneと考えて、目的格の関係代名詞(whom)＋主語＋動詞を続
> ける。ここでは空所の数に合わせてwhomを省略。

4 The restaurant (where) (we) (went) last night was very good.

訳 昨晩私たちが行ったレストランは、とても良いものでした。 ☞**UNIT 30**

> The restaurantは場所を表す先行詞。where＋完全な文を作る。we went to
> も可。

5 I went to see Takashi, (who) (lived [lives]) in New York.

訳 私は、ニューヨークに住んでいるタカシに会いに行った。 ☞**UNIT 32**

> Takashiを説明する関係代名詞の節を作る。主格のwhoを用いる。

6 (What) (she) (said) yesterday made me annoyed.

訳 彼女が昨日言ったことは、私をいらだたせた。 ☞**UNIT 33**

> 主語の部分をwhatの節を使って作る。

Step 3 自力でスピーキング！

日本語を見て、英文を作って言ってみましょう！

1 I know the man ⬛⬛⬛⬛⬛⬛⬛⬛ .

（私は 赤いジャケットを身につけている 男性を知って
います）

2 I know a boy ⬛⬛⬛⬛⬛⬛⬛⬛ .

（私は 父親がアスリートの 少年を知っています）

3 This is the book ⬛⬛⬛⬛⬛⬛⬛⬛ .

（これは 私たちの先生が話題にしていた 本です）

4 Do you know the day ⬛⬛⬛⬛⬛⬛⬛ ?

（あなたは その事故が起こった 日を知っていますか？）

5 This is the restaurant ⬛⬛⬛⬛⬛⬛⬛ .

（これが 私の両親が昨日夕食をとった レストランです）

6 This is not ⬛⬛⬛⬛⬛⬛⬛⬛ .

（これは 私が注文したもの ではありません）

解答例・解説

1 I know the man who is wearing the red jacket. ☞**UNIT 27**

> the manが先行詞なので、thatかwhoを使って説明をする。続く動詞は、先行詞
> の単数・複数に合わせるので、現在時制を置く場合は、一般動詞の語尾にsをつける。

2 I know a boy whose father is an athlete. ☞**UNIT 28**

> 先行詞＋whose＋名詞＋（主語＋）動詞の語順にする。「私は家族がニューヨー
> クに住んでいる少年を知っている」ならどんな文になるか？ そう、I know a
> boy whose family lives in New York.と言えるね！

3 This is the book (that [which]) our teacher was talking
about. ☞**UNIT 29**

> the bookを先行詞にして、（目的格の関係代名詞）＋主語＋動詞を続ける。「こ
> ちらは、多くの人々がとても尊敬している男性です」ならThis is the man
> many people respect very much.と表現できる。

4 Do you know the day when the accident happened?
☞**UNIT 30**

> 先行詞がthe dayなので、when＋完全な文を作る。「あなたは、あなたの祖母
> が生まれた日を知っていますか？」ならDo you know the day when your
> grandmother was born?となる。

5 This is the restaurant where [in which] my parents had
dinner yesterday. ☞**UNIT 31**

> the restaurantがあるので、where[in which]＋完全な文で続ける。「私たち
> が住みたいと思っている場所」なら the place where[in which] we want to
> liveとなる。

6 This is not what I ordered. ☞**UNIT 33**

> isの補語をwhatの節を使って作る。what I orderedは「私が注文したもの (the
> thing(s) that I ordered)」という意味。

必勝パターン⑦

結局、関係詞はすべて、
前にくる名詞を直後で修飾する
働きをするのです。後ろで名詞を
修飾するのが日本語との一番大きな
違いですね。修飾部分は「説明」だと
考えて、左から右に読めるように
なるまで何度も例文を音読しよう！

SECTION **8**

∙ ∙

仮定法

「**仮定法**」とは、「現実にはあり得ないことを想像しながら述べる」
際に使われる構文のことを言います。日本語でもそのような場合
には「私が鳥『だった』ら」のように過去形を使いますが、英語
でも、仮定法の場合には、ひとつ前の時制が使われます。現在の
事実に反することを仮定する場合には、「過去形」、過去の事実に
反することを仮定する場合には「過去完了形」が使われるのです。
最初は難しく感じるかもしれませんが、一度覚えてしまうと簡単
に使えるようになりますよ。

UNIT 34

[過去]と[過去完了]
2つの仮定法をまず覚えよう！

仮定法の基本

 DL-57　例文

> 仮定法は基本形をしっかり
> 覚えれば大丈夫だよ

1. ☐ **If I were you, I would not say so.**

2. ☐ **If I had missed the last train, I could not have come home.**

例文訳
❶ もし私があなただったら、私はそんなふうに言わないだろう。
❷ もし私が最終電車に乗り遅れていたら、私は家に帰ることができなかっただろう。

▶ 仮定法過去と仮定法過去完了　「今〜だったら」と「昔〜だったら」

「仮定法」とは、現実にはありえないことや可能性が低いことを「もしも…だったら」と仮定する場合に使う表現です。

日本語でも、「…だったらなあ」というように、過去形を使いますが、英語でも1つ前の時制が使われます。

← CHECK!

> 1つ前の時制を使うよ！

「現在…だったら」というように、現在の事実とは異なることを仮定する場合には「仮定法過去」を使います。

仮定法過去では、if節には過去形を用い、主節ではwould、should、could、mightなどの過去形の助動詞を使います。

⇐公式83
仮定法過去の形

　ちなみに、if 節の中の動詞がbe動詞の場合、主語にかかわらずwasではなく、しばしばwereが使われます。

　「過去に…だったら」というように、過去の事実とは異なることを仮定する場合には、「仮定法過去完了<ruby>仮<rt>か</rt></ruby><ruby>定<rt>てい</rt></ruby><ruby>法<rt>ほう</rt></ruby><ruby>過<rt>か</rt></ruby><ruby>去<rt>こ</rt></ruby><ruby>完<rt>かん</rt></ruby><ruby>了<rt>りょう</rt></ruby>」を使います。

　if節には、had Vppという過去完了形を用い、主節ではwould have Vpp、could have Vpp、should have Vpp、might have Vppなどの「過去形の助動詞＋完了形」を使います。

⇐公式84
仮定法過去完了の形

😮 まとめ

【仮定法の基本】

☐ **仮定法過去**

$$\text{If } S_1 \text{ } V_1 p, \text{ } S_2 \left\{ \begin{array}{l} \text{would} \\ \text{should} \\ \text{could} \\ \text{might} \end{array} \right\} V_2.$$

もしS₁がV₁するならば、S₂はV₂するだろう。

☐ **仮定法過去完了**

$$\text{If } S_1 \text{ had } V_1 pp, \text{ } S_2 \left\{ \begin{array}{l} \text{would} \\ \text{should} \\ \text{could} \\ \text{might} \end{array} \right\} \text{have } V_2 pp.$$

もしS₁がV₁していたならば、S₂はV₂していただろう。

UNIT 35

ありえないことへの願いと
ありえないことを使ったたとえ

I wishとas if

ありえない願望も
仮定法で表せるよ

DL-58　**例文**

❶ ☐ **I wish I were a bird.**

❷ ☐ **He talks as if he had discovered it for himself.**

例文訳　❶ 僕が鳥だったらいいのになあ。
❷ 彼はまるでそれを自分自身で
発見したかのような話しぶりだ。

▶ ありえないことを願う　I wishとIf only

例文1にある、I wishは「現実にはありえない
ことを願う」場合に使う表現です。

⇐公式85
I wishの用法

「現在…すればなあ」と言いたい場合には、I wishの後ろに過去形を
使い、I wish S Vp (SがVすればいいなあ) という形をとります。

また、「過去に…していればよかったなあ」と言いたい場合には、I
wishの後ろに過去完了形を使い、I wish S had
Vpp (SがVしていればよかったなあ) という形を
とります。

◀ CHECK!

過去の願望だ！

I wishと同じような意味を表す表現にif onlyが
あります。

▶「…のように；…のごとく」の表し方 as if ...

例文2で使われている**as if**は、実際にはそうではないけれど「まるで…するかのごとく」という意味で使われる表現です。

⇐公式86
as ifの用法

主文と同じ時点で「まるで…するかのごとく」と言いたい場合には、as ifの後ろには過去形が使われ、as if S Vp (SがVするかのごとく) という形をとります。

← CHECK!

主文と同じ時点の場合はこれ！

また、主文より前の時点で「まるで…したかのごとく」と言いたい場合には、as ifの後ろには過去完了形が使われ、as if S had Vpp (SがVしたかのごとく) という形をとります。

← CHECK!

主文より前の時点の場合はこれ！

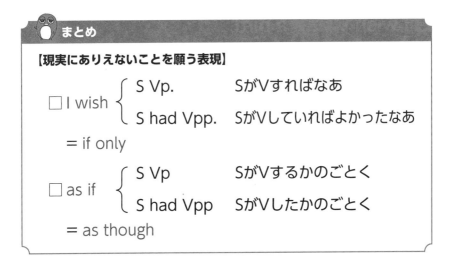

👀 まとめ

【現実にありえないことを願う表現】

☐ I wish
- S Vp.　　　　　SがVすればなあ
- S had Vpp.　　SがVしていればよかったなあ

= if only

☐ as if
- S Vp　　　　　SがVするかのごとく
- S had Vpp　　SがVしたかのごとく

= as though

Step 1 4択スピーキング！

の中に入るのに適切な語句を①〜④の中から選んで全文を声に出して
言ってみましょう！

1 If I ▢ a camera with me, I could have
taken a lot of pictures.

① had taken ② was taking ③ have taken ④ took

2 If you ▢ harder, you would get a higher
score.

① work ② are working ③ working ④ worked

3 You ▢ our manager if you had joined the party.

① could have met ② would meet ③ met ④ could meet

4 I wish I ▢ a bird.

① am ② could ③ are ④ were

5 If only you ▢ the party yesterday.

① could join ② had joined ③ joined ④ join

6 If only you ▢ here.

① could be ② could ③ are ④ be

解答・解説

1 **正解：①** If I (had taken) a camera with me, I could have taken a lot of pictures. ☞**UNIT 34**

訳 もしカメラを持っていたら、私はたくさんの写真を撮ることができただろう。

> 主節部分にcould have takenとあるので、空所にはhad＋動詞の過去分詞形が入る。

2 **正解：④** If you (worked) harder, you would get a higher score.

訳 もしあなたがより熱心に努力すれば、より高いスコアを獲得するだろう。 ☞**UNIT 34**

> 主節部分にwould getとあるので、空所には過去形が入る。

3 **正解：①** You (could have met) our manager if you had joined the party. ☞**UNIT 34**

訳 もしあなたがパーティーに参加していれば、私たちのマネジャーに会うことができただろう。

> if節の中にhad joinedがあるので、助動詞の過去形＋have＋Vppを選ぶ。

4 **正解：④** I wish I (were) a bird. ☞**UNIT 35**

訳 私が鳥ならいいのにな。

> I wish＋主語＋動詞の過去形で、今の事実と異なる願望を表現できる。仮定法のbe動詞は、wasよりもwereが好まれる。

5 **正解：②** If only you (had joined) the party yesterday.

訳 昨日君がパーティーに参加していたらなあ。 ☞**UNIT 35**

> If only＋主語＋had Vppで、過去の事実と異なる願望を表現できる。had Vppの代わりにcould have Vppを用いることもできる。

6 **正解：①** If only you (could be) here. ☞**UNIT 35**

訳 あなたがここにいられればいいのに。

> If only＋主語＋動詞の過去形で、I wishと同様の意味になる。動詞の過去形の部分には、助動詞could＋動詞の原形が使われることも多い。

復習エクササイズ

Step 2 穴埋めスピーキング！

日本語の文を見て、 の中に適切な英語を入れて全文を言ってみましょう！

1 私がもっと英語が上手に話せれば、海外に住むだろう。

If I were able to speak English better, I
　　　　　　　　　　　　.

2 彼らが会議に出席してくれたら良かったのに。

I 　　　　　　　　　　　　　　 the meeting.

3 彼はまるで専門家であるかのように話をする。

He talks 　　　　　　　　　　　　 an expert.

Step 3 自力でスピーキング！

日本語を見て、英文を作って言ってみましょう！

1 If I had 　　　　　　 , I could 　　　　　　 .

(もし私が そこにいたら、私は 彼女に話すことができた かもしれない)

2 I wish 　　　　　　　　　　　　　　　　 .

(私が 科学者であれば いいのに)

3 He talks as if 　　　　　　　　　　　　 .

(彼はまるで そこにいたかのように 話します)

解答 (例)・解説

Step 2

1 If I were able to speak English better, I (would) (live) (abroad). ☞**UNIT 34**

訳 私がもっと英語が上手に話せれば、海外に住むだろう。

> 📝 If節の中にwereという過去形があるので、助動詞の過去形＋動詞の原形を使う。

2 I (wish) (they) (had) (attended) the meeting. ☞**UNIT 35**

訳 彼らが会議に出席してくれたら良かったのに。

> 📝 I wish＋主語＋had＋Vppで、過去の事実と異なる願望を表現。

3 He talks (as) (if) (he) (were) an expert. ☞**UNIT 35**

訳 彼はまるで専門家であるかのように話をする。

> 📝 as if ＋主語＋動詞の過去形で、「まるで (今) 主語が動詞するように」という意味。

Step 3

1 If I had been there, I could have talked to her. ☞**UNIT 34**

> 📝 1つめの空欄には動詞の過去分詞形を入れ、2つめにはhave＋動詞の過去分詞形を入れて過去の事柄についての仮定法表現を作る。

2 I wish I were a scientist. ☞**UNIT 35**

> 📝 I wish＋仮定法の形を使って、現実にはありえないことを願う表現ができる。「あなたといっしょにそこにいたらよかったのに」は I wish I had been with you.で、「そのパーティーに参加できたらよかったのに」は I wish I could have joined the party.で表現できます。

3 He talks as if he had been there. ☞**UNIT 35**

> 📝 as if＋仮定法過去完了の形で、「(実際にはそうではないが)まるで…であったかのごとく」を表現できます。

必勝パターン⑧

仮定法って意外にも
会話でよく使うんですよ！
遠回しに言ったり、丁寧に言ったり
するときに便利な表現なんです。
イメージをふくらませながら、
例文を何度も読んでみてね！

SECTION 9

・・・・・・・・・・・・・・・・・・・・・・・

比較

このセクションでは、「比較」の勉強をします。形容詞は名詞を
修飾する言葉ですが、大きく分けて、名詞を直接修飾する限定用
法と、補語の位置で使われる叙述用法があります。形容詞や副詞
の元々の形のことを「原級」、何かと何かを比べる場合に使われ
る形のことを「比較級」、「一番…」と言いたい場合に使われる形
のことを「最上級」と言います。ここでは、形容詞や副詞を使っ
て豊かな表現をするための勉強をします。

Unit 36 「AはBより〇〇だ」と、2つを比べる表現あれこれ

比較級
<ruby>比<rt>ひ</rt></ruby><ruby>較<rt>かく</rt></ruby><ruby>級<rt>きゅう</rt></ruby>

DL-61 例文

> 2つの物を比べるときの表現だよ

❶ ☐ Cathy is much taller than Kate.

❷ ☐ This is more important than any other document.
= No other document is more important than this.

例文訳
❶ キャシーはケイトよりはるかに背が高い。
❷ この書類は他のどの書類よりも重要である。

▶ 比較級の作り方　-erとmoreを使う！

「〜より…だ」というように、ある物とある物を比べる場合は「<ruby>比較<rt>ひかく</rt></ruby><ruby>級<rt>きゅう</rt></ruby>」という形容詞・副詞の変化形を使って表します。

形容詞・副詞の比較級は、比較的短い語の場合には、後ろに-erを付けて作ります。例えば、例文1のtallerはtall (高い) という形容詞を変化させたものです。

⇐ **公式87**
比較級の作り方

また、**比較的長い語の場合には、直前にmoreという言葉を置いて作ります**。例えば、例文2ではimportant (重要だ) という長めの形容詞の前にmoreが置かれ、more importantという形を作っています。

そして、この**比較級の後ろに「よりも」という意味のthanという言葉と比較の相手を置きます**。

⇐ **公式88**
thanの後ろに比較の相手

「はるかに…」というように、比較級を強調する場合にはmuch、farなどの副詞が使われます。

▶「一番…」を表す　比較級＋than any other ～

比較級を使って、「一番…」という意味を表すこともできます。

例文2では、**比較級の後ろにthan any otherという言葉が置かれていますね。これを置くことで、「他のどんな～よりも…」というように、最上級**（→p.162）と同じ意味を表すことができるのです。

⇐公式89
最上級の意味を出せる

また、Noという否定語を主語に用い、**「No other ～ 比較級 than －.」という形にすれば、「－よりも…な～はない」**、つまり「（－の部分に置かれる名詞が）一番である」という意味になります。

まとめ

【比較級の作り方】
□ A be 比較級 than B　AはBより…だ

【比較級の強調】
□ much
□ far
　　　はるかに…

【比較級を使った最上級表現】
□ 比較級 than any other ～
　　他のどんな～よりも…
□ No other ～ 比較級 than － .
　　－よりも…な～はない

UNIT 37 「Aは一番○○だ」とトップを断定する表現あれこれ

最上級

DL-62 例文

「一番～だ」というときの表現だよ

❶ ☐ Ken is by far the fastest runner in the class.

❷ ☐ This is the best movie (that) I have ever seen.

例文訳 ❶ ケンはクラスでは走るのが断然一番速い。
❷ これは私がこれまで見た中で一番よい映画だ。

▶ 最上級の作り方　-estとmostを使う！

「一番…だ」というような意味を表す場合は、「最上級」という形を使います。

最上級は、短めの形容詞・副詞の場合、語尾に **⇐公式90 最上級の作り方**
-estを付けて作ります。例えば、例文1のfastest はfast（速い）という形容詞の最上級です。

長めの形容詞・副詞の場合には、前に**most**を置きます。important（重要な）の最上級はmost importantです。

また、**最上級は、直前にtheを付けて、「the＋最上級」**という形で使います。

▶ 最上級の強調　by far theやmuch theやthe veryなどを使う！

「ずば抜けて…」というように、最上級を強調 **⇐公式91 強調するには**
する場合は、「by far the 最上級」、「much the

162

最上級」、「the very 最上級」などの形を使います。

　例文2では、the best という最上級が使われていますが、これは good (よい) という形容詞の最上級です。

　形容詞や副詞の中には、このgoodのように比較級や最上級になると、まったく形が変わってしまうものがあります。

← CHECK!

> 形が変わるものに注意しよう！

　代表的なものは、good - better - best、bad - worse - worst、little - less - leastなどです。

　また例文2では、「the ＋最上級」の直後に名詞が置かれ、その後ろにI have ever seenという経験を表す完了形が続いています。

　これは、「**the 最上級＋名詞 that S have ever Vppφ**」（Sがこれまでに**V**した中で一番…な名詞）という最上級を使った**重要構文**です。

⇐公式92

> 過去の経験の中で一番…

🐧 **まとめ**

【最上級の強調】
- ☐ by far the 最上級
- ☐ much the 最上級
- ☐ the very 最上級

【形容詞の変化形】
- ☐ good – better – best
- ☐ bad – worse – worst
- ☐ little – less – least

【最上級を使った重要構文】
- ☐ the 最上級 ＋ 名詞 that S have ever Vpp φ
　　SがこれまでにVした中で一番…な名詞

☆本書では、名詞が抜けている状態を、「φ」（ファイ）という記号を使って表します。

UNIT 38

比べたところ、大体同じくらいだったとき…

同等比較
<small>どうとう ひ かく</small>

 DL-63　例文

2つの物が同等であることを示すには？

❶ ☐ **I think she is as beautiful as Diana.**

❷ ☐ **I can read three times as fast as you can.**

例文訳　❶ 私は、彼女はダイアナと同じくらい美しいと思う。
　　　　❷ 私はあなたの３倍速く読むことができる。

▶ as ... as 〜 で同等を表す

　「〜と同じくらい…」というような意味を表す場合は、as ... as 〜という形を使った「同等比較」という構文を使います。

　これは、**形容詞や副詞の原級をasとasの間に置**
き、「as＋形容詞[副詞]の原級＋as 〜」という形
で、**「〜と同じくらい…だ」という意味を表す構文**です。

←公式93
as ... as 〜の使い方

　後ろのasの直後には、名詞を置くことも、節を置くこともできます。

　また、否定文のときは最初のasはso ... as 〜というようにsoに書き換えることもできます。

　否定語が直前に置かれて、not as ... as 〜、もしくはnot so ... as 〜という形になると、「〜ほど…ではない」という意味になります。

← CHECK!

否定されるとこうなる！

164

▶ 〜 timesで倍数を表す

例文2では、as ... asの前に〜 timesという表現が置かれています。

〜 timesは「〜倍」というように倍数を表す表 ←公式94

現です。例えば、「3倍」であればthree times、「4 「〜倍」のtimes

倍」であればfour timesとなります。なお、「半分」

はhalf、「2倍」はtwiceと表現します。

この倍数表現と同等比較を組み合わせると「〜 times as ... as−」と

なり、「―の〜倍…である」という表現ができます。

まとめ

【同等比較】

☐ as 原級 as 〜 　　　　〜と同じくらい…だ

※〜の部分には、名詞や節が置かれる

☐ not as ... as 〜

= not so ... as 〜 　　　〜ほど…ではない

【倍数表現】

☐ 〜 times as ... as − 　−の〜倍…である

Step 1　4択スピーキング！

の中に入るのに適切な語句を①〜④の中から選んで全文を声に出して言ってみましょう！

1 No other sport is ____ in this country than soccer.

① more popular　② popular　③ the popular
④ much popular

2 David can run ____ than any other student in our class.

① fast　② very fast　③ faster　④ the fast

3 The game is ____ one I have ever watched.

① more exciting　② exciting
③ the most exciting　④ very exciting

4 My father got up ____ in my family.

① earlier　② the earliest　③ faster　④ the fastest

5 He is ____ as you are.

① as tall　② tall　③ taller　④ tallest

6 I have twice ____ as you have.

① books as many　② as many books
③ many as books　④ books many

解答・解説

1 正解：① No other sport is (more popular) in this country than soccer. ☞**UNIT 36**

訳 この国でサッカーよりも人気のあるスポーツは他にありません。

📝 比較級＋than …で「…より〜」の表現。more popularにする。

2 正解：③ David can run (faster) than any other student in our class. ☞**UNIT 36**

訳 デービッドは私たちのクラスの他のどの生徒よりも速く走ることができます。

📝 比較級＋than …で「…より〜」の表現。fasterにする。

3 正解：③ The game is (the most exciting) one I have ever watched. ☞**UNIT 37**

訳 その試合は私が今まで見た中で最も興奮させるものです。

📝 the ＋ 最上級＋名詞＋ (that＋) S＋have＋ever＋Vppの語順。oneはgameを指す。

4 正解：② My father got up (the earliest) in my family. ☞**UNIT 37**

訳 私の父は家族の中で最も早く起きました。

📝 earlyは時間的な「早い」を表す。fastは「速度」を表す。

5 正解：① He is (as tall) as you are. ☞**UNIT 38**

訳 彼はあなたと同じくらいの背の高さだ。

📝 比較の対象のasがあるので、as 〜 as …（…と比べて同じくらい〜）を選ぶ。

6 正解：② I have twice (as many books) as you have. ☞**UNIT 38**

訳 私はあなたの2倍の数の本を持っています。

📝 twice as many 〜 as …（…と比べて2倍の数の）を選ぶ。

167

復習エクササイズ

Step 2 穴埋めスピーキング！

日本語の文を見て、　　　　の中に適切な英語を入れて全文を言ってみましょう！

1 この問題は次の問題よりも難しい。

This question is 　　　 　　　 　　　 the next one.

2 テッドは、この学校で最も背の高い生徒だ。

Ted is 　　　 　　　 student in this school.

3 その動物は人間の3倍の速さで走ることができる。

That animal can run 　　　 　　　 　　　 　　　
as a human.

Step 3 自力でスピーキング！

日本語を見て、英文を作って言ってみましょう！

1 I'm 　　　　　　　　　　　　　　　　　　　　 .

（私は 以前よりも幸せ です）

2 Mike is the 　　　　　　　　　　　　　　　　 .

（マイクは このチームの中で最も優秀な選手 です）

3 I think he is 　　　　　　　　　　　　　　 .

（私は、彼は あなたと同じくらい賢い と思います）

168

解答（例）・解説

Step 2

1 This question is (more) (difficult) (than) the next one.

訳 この問題は次の問題よりも難しい。　　　　　　☞**UNIT 36**

　　長い単語のdifficultは、more difficultで比較級を作る。

2 Ted is (the) (tallest) student in this school.　　☞**UNIT 37**

訳 テッドは、この学校で最も背の高い生徒だ。

　　最上級は、the＋〜estで表す。

3 That animal can run (three) (times) (as) (fast) as a human.

訳 その動物は人間の3倍の速さで走ることができる。　　☞**UNIT 38**

　　three times as 〜 as …は「…の3倍の〜」の意味。

Step 3

1 I'm happier than I used to be[was].　　☞**UNIT 36**

　　主語＋used to beで「(過去の)主語の状態」を表すことができる。「ずっと若い」
　　や「ずっと背が高い」など強調する場合はmuch youngerやmuch tallerなど
　　のように、muchを使う。

2 Mike is the best player in this team.　　☞**UNIT 37**

　　the best＋[名詞] in 〜は「〜の中で最も優秀な[名詞]」の意味。

3 I think he is as smart[clever, wise] as you (are).　　☞**UNIT 38**

　　as 〜 as …（…と同じくらい〜）の語順に注意しましょう！

必勝パターン⑨

英語で生活をしていると、
物と物を比較することって
すごく多いんです。
買い物やうわさ話なんか
特にそうですね。そんなときに
ここで学んだ比較表現が
大活躍ですよ！

SECTION 10

・・・・・・・・・・・・・・・・・・・・・・・

接続詞とその他の重要事項

このセクションでは、英文法を使いこなすために、その他の重要
事項を勉強します。特に「**可算名詞**」と「**不可算名詞**」の違いに
は注意しましょう。数えられる名詞である「可算名詞」には、冠
詞のaや複数形の-sを付けることができます。可算名詞は、辞書
ではcountableを略して、Cという記号で示してあります。「不
可算名詞」とは、もちろん「数えられない名詞」のことですが、
このような名詞にはaや-sを付けることはできません。辞書では
uncountableを略してUという記号で示してあります。

UNIT39

AとBを、同じ重要度で結ぶか、
重要度に差をつけて結ぶか…

とう い せつぞく し じゅう い せつぞく し
等位接続詞と従位接続詞

DL-66　**例文**

> 2つの種類の用法を
> しっかり覚えよう

❶ ☐ I hate scary movies,
　　 but I love comedies.

❷ ☐ Although he is very
　　 young, he writes
　　 very good novels.

例文訳　❶ 私は怖い映画は嫌いだが、コメディーは好きだ。
　　　　　❷ 彼はとても若いが、非常にすばらしい小説を書く。

▶ 等位接続詞　2つの文を同じ位で結ぶ

　文と文をつなぐ接続詞には、大きく分けて2種類があります。それは、
「等位接続詞」と「従位接続詞」です。

　例文1で使われているbut（しかし）は、「等位接続詞」です。

butあるいはand（また）やso（だから）といっ
た「等位接続詞」は、接続詞の前の文と後ろの文を、
同じような重要度で結びつけることができます。

←**公式95**
等位接続詞の働き

　等位接続詞を使った文では、前後の文のどちらかが重要だということ
はなく、文法的に等しい位で結びついています。

▶ 従位接続詞　主節と従節を結ぶ

　一方、例文2で使われているalthough（だけれども）は「従位接続詞」です。

　この**althoughやif（もし）、when（するとき）**　⇐公式96
などの「従位接続詞」は、接続詞の前後の文で重　従位接続詞の働き
要度が変わってきます。

　例文で見ると、Althoughからyoungまでの節は「従節_{じゅうせつ}」、heからnovelsまでの節は「主節_{しゅせつ}」です。

　この名前の通り、文法的に「主節」のほうが重　◀ CHECK!
要で、althoughの「従節」は主節を修飾するための付属品です。

「主節」が重要⇒
「従節」は付属品！

　ちなみに、Althoughからyoungまでの節のように、主節を修飾する副詞の働きをする節のことを「副詞節_{ふくしせつ}」と呼びます。

　これ以外にも「節」には、that S V（SがVすること）のように名詞の働きをする「名詞節_{めいしせつ}」や、関係代名詞節のように形容詞の働きをする「形容詞節_{けいようしせつ}」もあるので、いっしょに覚えておきましょう。

😴 まとめ

【等位接続詞】
- □ but　　しかし
- □ and　　また
- □ so　　だから

【従位接続詞】
- □ although　だけれども
- □ if　　もし
- □ when　　するとき　　☞接続詞の図 ⇒p.176

前置詞
ぜん ち し

 DL-67　　例文

イメージで覚えておくと応用が利くよ

❶ ☐ A lot of people are gathering in the yard.

❷ ☐ Do you know the girl in the white dress?

例文訳　❶ 多くの人々が庭に集まっている。
　　　　❷ 白いドレスを着た女の子を知っていますか。

▶「前置詞＋名詞」は副詞句か形容詞句

　「前置詞＋名詞」のかたまりには、大きく分けて、2つの働きがあります。

　1つは大きな副詞の働きをする用法です。

　例えば、例文1では、in the yard (庭で) という部分はare gathering (集まっている) という動詞の部分にかかっていますよね。この「前置詞＋名詞」のかたまりは、動詞を修飾する副詞の働きをしています。

　一方、例文2では、in the white dress (白いドレスを着た) という部分は、直前のthe girl (少女) という名詞を修飾しています。名詞を修飾するのですから、この「前置詞＋名詞」のかたまりは形容詞の働きをしている、と言えるのです。

　このように「前置詞＋名詞」には、「副詞句」と「形容詞句」という2つの働きがあるのです。

⇐公式97
「前置詞＋名詞」の働き

▶ onの原義イメージは「接触」

　また、前置詞の意味を覚える場合には、「on ＝ ～の上に」などのように、1つの日本語の意味に当てはめて、固定して覚えるのはよくありません。

　例えば、**onという前置詞は「接触」が元々の意味ですから、下に接触していても横に接触していてもやはりonを使います。**

⇐**公式98**
前置詞はイメージによって覚えよう

　「上に」という日本語だけだと、例えばThe picture is on the wall.（絵は壁に掛かっている）などのような、横に接触していたりする例文に応用することができませんね。

　前置詞はイメージとともに覚えておくと効果的ですよ。

 まとめ

【「前置詞＋名詞」の2用法】
　□ 副詞句として使う
　□ 形容詞句として使う（直前の名詞を修飾する）
　☞前置詞のイメージ図 ⇒p.177

等位接続詞と従位接続詞のイメージ

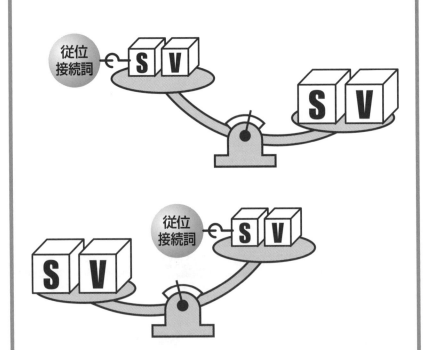

前置詞の原義イメージ

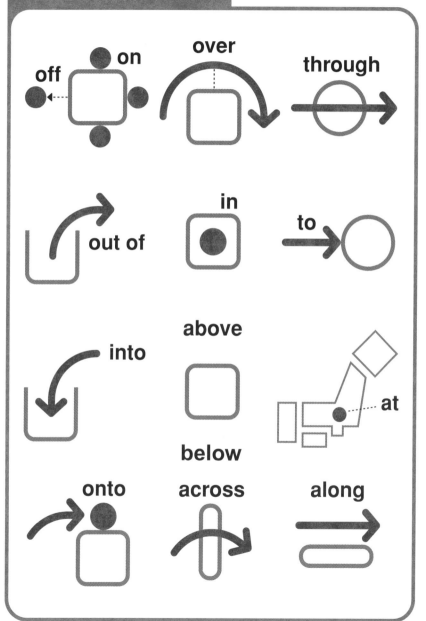

UNIT41 一筋縄ではいかない "数えられない名詞"！

不可算名詞
ふ か さんめいし

数えられるか数えられ
ないか…それが問題だ

❶ □ Would you like a cup of
　　 coffee?

❷ □ He has only two pieces
　　 of furniture in his room.

例文訳　❶ コーヒーを1杯いかがですか。
　　　　❷ 彼の部屋には2つしか家具がない。

▶ 可算名詞と不可算名詞

　名詞には「数えられる名詞」と「数えられない名詞」があります。
　数えられる名詞のことを「可算名詞」と言い、
辞書ではC (countable) という記号で示します。

← CHECK!
数えられる名詞

　一方、数えられない名詞のことを「不可算名詞」
と言い、U (uncountable) という記号で示します。

← CHECK!
数えられない名詞

　不可算名詞とは、例えばコーヒーや水のような
液体や、石けんのような形状が特定できないもの
で、1個、2個と数えることのできない名詞のことです。

　**不可算名詞は、可算名詞のようにaや複数形の-sを付けることができ
ません。**

⇐公式99
不可算名詞のルール

▶ 不可算名詞の数え方

　これらの**不可算名詞をあえて数える場合には**、a cup of coffee（1

杯のコーヒー）や、a glass of water（グラス1杯の水）、a cake of soap（石けん1個）のような数え方をします。

←公式100
不可算名詞をあえて数える

また、これらを2つ、3つと数える場合には、two cups of coffee（2杯のコーヒー）、three glasses of water（グラス3杯の水）、four cakes of soap（石けん4個）というように、名詞ではなく単位のほうを複数形にします。

← CHECK!

単位を複数形にする！

不可算名詞には、コーヒーや水のように不可算名詞だとわかりやすいものばかりではなく、見抜きにくいものもあります。

例えば、furniture（家具）やinformation（情報）、baggage（荷物）、advice（忠告）などです。

これらは、意外かもしれませんが不可算名詞です。数えるときは、a piece of furniture（1点の家具）、two pieces of information（2つの情報）のように数えなければなりません。

👀 まとめ

【不可算名詞の数え方】

☐ a cup of coffee ／ two cups of coffee
　　1杯のコーヒー　　　2杯のコーヒー

☐ a glass of water ／ two glasses of water
　　グラス1杯の水　　　グラス2杯の水

☐ a cake of soap ／ two cakes of soap
　　石けん1個　　　　石けん2個

【まぎらわしい不可算名詞】

☐ furniture　家具　☐ information　情報

☐ advice　　忠告　☐ baggage　　手荷物

※これらは、a piece of ～やtwo pieces of ～のように数える

<ruby>感嘆文<rt>かんたんぶん</rt></ruby>

 DL-69　　例文

「なんと…だろう」と
驚きを表現する文だよ

❶ ☐ **What a big room this is!**
❷ ☐ **How fast he runs!**

例文訳　❶ なんて大きな部屋なんだろう！
❷ 彼は走るのがなんて速いんでしょう！

▶ What型：（形容詞）＋名詞が続く

　「なんと…だろう」というように、自分の驚きを表現したいときに使うのが「<ruby>感嘆文<rt>かんたんぶん</rt></ruby>」という種類の文です。

　この感嘆文には、例文1のように、whatという言葉を使う場合と、例文2のように、howという言葉を使う場合があります。

　what を使った感嘆文は、what の後ろに「a（＋　←公式101
形容詞）＋名詞」、もしくは「形容詞＋名詞の複数　whatを使った感嘆文
形」などの形を置き、その後ろに「主語＋動詞」、さらに文末にはピリオドではなく「！」（エクスクラメーションマーク）を付けて作ります。

　例文1では、whatの後ろに、a big roomという「a＋形容詞＋名詞」の語順が見えますね。そして、this is!という「主語＋動詞！」も置かれています。

▶ How型：形容詞または副詞が続く

howを使った感嘆文は、howの後ろに「形容詞」や「副詞」を置き、その後ろに「主語＋動詞！」を付けて作ります。

⇐公式102
howを使った感嘆文

例文2では、howの後ろにfastという副詞が置かれ、he runs!という「主語＋動詞！」が続いています。

しかし、実際の会話では、直後の「主語＋動詞」の部分がしばしば省略されてしまいます。

← CHECK!

会話では「主語＋述語」を省略可だよ！

例文1であればWhat a big room!と、例文2ではHow fast!という文になることがあるので注意しましょう。

まとめ

【感嘆文の作り方】

□ what + $\begin{Bmatrix} \text{a}（＋ 形容詞）＋ 名詞 \\ \text{形容詞} ＋ 名詞s \end{Bmatrix}$ （＋ S ＋ V）！

□ How + $\begin{Bmatrix} \text{形容詞} \\ \text{副詞} \end{Bmatrix}$ （＋ S ＋ V）！

Step 1　4択スピーキング！

・・・・・・・・・・・・・・・・・・・・・・・・・・・・・・・・・・・・・・・

■の中に入るのに適切な語句を①〜④の中から選んで全文を声に出して
言ってみましょう！

1 He studied hard, ▮▮▮ he couldn't pass
the test.

① or　② but　③ that　④ if

2 ▮▮▮ rainy tomorrow, I will stay at home.

① If it is　② It is　③ If is it　④ Is it

3 There was a calendar ▮▮▮ the wall.

① by　② on　③ in　④ at

4 Japan is ▮▮▮ the east of Asia.

① at　② on　③ over　④ in

5 We would like to have ▮▮▮.

① two cups of tea　② two tea　③ two cups tea
④ two cup tea

6 ▮▮▮ a large flower this is!

① How　② What　③ When　④ How much

解答・解説　 DL-70

1 **正解：②**　He studied hard, (but) he couldn't pass the test. ☞**UNIT 39**

訳 彼は熱心に勉強したが、テストに合格できなかった。

> 前の文と空所の後ろの文では、逆の関係が成り立つ。したがってbutを選ぶ。

2 **正解：①**　(If it is) rainy tomorrow, I will stay at home.

訳 もし明日が雨ならば、家にいるでしょう。　☞**UNIT 39**

> Ifの後ろでは、主語＋動詞が続く。また、Ifは、「～ならば」という条件を表す。

3 **正解：②**　There was a calendar (on) the wall.　☞**UNIT 40**

訳 壁にカレンダーがかかっていました。

> onは、「接触」を表す前置詞。上だけではなく、横でも下でも接触しているイメージの中ではonが使われる。

4 **正解：④**　Japan is (in) the east of Asia.　☞**UNIT 40**

訳 日本はアジアの東に位置します。

> inは、「内包」のイメージ。日本は、アジアの一部であると考えることができるので、in。

5 **正解：①**　We would like to have (two cups of tea).

訳 私たちはお茶を2ついただきたいのです。　☞**UNIT 41**

> two cups of teaは「お茶を（カップに）2杯」という意味。

6 **正解：②**　(What) a large flower this is!　☞**UNIT 42**

訳 これはなんて大きな花なのでしょう！

> what ＋ a ＋形容詞＋名詞＋S＋V!の形。

Step 2 穴埋めスピーキング！

日本語の文を見て、 の中に適切な英語を入れて全文を言ってみましょう！

1 彼はハンサムで親切な男性だ。

He is a handsome ▨▨ kind man.

2 その山を多くの雲が覆っていた。

There were a lot of clouds ▨▨ the mountain.

3 彼は石けんを４個購入した。

He bought ▨▨ ▨▨ ▨▨ soap.

4 なんて彼女は親切なのだろう！

▨▨ ▨▨ she is !

解答・解説

1 He is a handsome (and) kind man. ☞**UNIT 39**

訳 彼はハンサムで親切な男性だ。

> handsomeとkindという2つの形容詞を結ぶ働きをする接続詞を入れる。意味的に順接なので、andを用いる。

2 There were a lot of clouds (over) the mountain. ☞**UNIT 40**

訳 その山を多くの雲が覆っていた。

> overは「覆う」イメージ。山全体を多くの雲が覆うイメージがつかめれば良い。

3 He bought (four) (cakes) (of) soap. ☞**UNIT 41**

訳 彼は石けんを4個購入した。

> four cakes of soapは「石けんを4個」の意味。

4 (How) (kind) she is ! ☞**UNIT 42**

訳 なんて彼女は親切なのだろう!

> How+形容詞で感嘆文を作る。

Step 3 自力でスピーキング！

日本語を見て、英文を作って言ってみましょう！

1 When   , it started to rain.

（私が外に出た とき、雨が降ってきました）

2 I was born   .

（私は 8月25日に 生まれました）

3 Would you like   ?

（コーヒーを1杯 いかがですか？）

4 What   !

（あれは なんと 大きな動物 なのでしょう！）

解答例・解説

1 When I went outside, it started to rain. ☞**UNIT 39**

> 空欄には、過去形の主語＋動詞の文を入れる。when＋主語＋動詞で「主語が動詞するとき」を表す。

2 I was born on August 25th. ☞**UNIT 40**

> 日時を表す前置詞を後ろにつける。「夏に」だとin summer。また、例えば「2005年7月1日」のように「何年、何月何日」と言いたい場合は、年の前にはinをつけず、I was born on July 1st, 2005.と表現する。

3 Would you like a cup of coffee? ☞**UNIT 41**

> 液体であれば通常、容器に入れる。「水を1杯」ならa glass of waterと、「ビールをもう1杯」ならanother glass of beerと表現する。固形または抽象的な意味を表す不可算名詞の多くは、a piece ofやtwo pieces ofのような形にして用いる。

4 What a large animal that is! ☞**UNIT 42**

> What＋a (an) ＋形容詞＋名詞（＋S＋V）！で感嘆文を作る。名詞が複数形の時には、a (an) は不要。

英文法公式102

SECTION1 〜 10で紹介した英文法の重要ポイントを102の公式としてまとめました。もう一度自分の知識をチェックして、忘れたものは学習ページに戻って、おさらいしておきましょう。

UNIT1　be動詞と一般動詞の区別　▶pp.26-27

- ☐ 公式1　「be動詞」：「である」「です」という意味。動詞の左右にあるものがイコールの関係。
- ☐ 公式2　「一般動詞」：Iやyou、あるいはweが主語の場合には、そのままの形。三人称単数の主語では動詞の後にsを付ける。

UNIT2　be動詞の否定文・疑問文　▶pp.28-29

- ☐ 公式3　be動詞の否定文は、be動詞の直後にnotを置いて作る。
- ☐ 公式4　be動詞の疑問文は、be動詞を文頭に置き、文の終わりに「？」を付ける。

UNIT3　一般動詞の否定文・疑問文　▶pp.30-31

- ☐ 公式5　一般動詞の否定文は、主語と一般動詞の間にdo not（三単現ならdoes not）を置いて作る。
- ☐ 公式6　一般動詞の疑問文は、主語の前にdo（三単現ならdoes）を置き、文末に「？」を付けて作る。

UNIT4　疑問詞を使った疑問文　▶pp.32-33

- ☐ 公式7　疑問詞を使った疑問文：具体的な情報を求める。
- ☐ 公式8　疑問詞の種類：where（どこ）／ when（いつ）／ why（どうして）／ how（どのように）／ who（だれ）／ which（どちら）／ what（何）

UNIT5　付加疑問文　▶pp.34-35

- ☐ 公式9　「付加疑問文」：「だよね」「しますよね」といった、軽い疑問や念押しを表す。
- ☐ 公式10　作り方：前の文が肯定文の場合⇒「…, ＋ 否定の付加疑問文」前の文が否定文の場合⇒「…, ＋ 肯定の付加疑問文」

UNIT6　命令文　▶pp.36-37
- ☐ **公式11**　「命令文」:「Vしろ」という意味の命令文では、文頭に原形動詞を置く。
- ☐ **公式12**　「否定の命令文」:Don'tを命令文の前に置く。
- ☐ **公式13**　「ていねいな命令文」:命令文の前後にpleaseという言葉を置くと、「Vしてください」というていねいな意味になる。

UNIT7　be動詞の過去形　▶pp.48-49
- ☐ **公式14**　「〜だった」のように、過去にあった状態や出来事を表す。be動詞をwasかwereに変化させる。
- ☐ **公式15**　否定文は、wasやwereの後ろにnotを置く。
- ☐ **公式16**　疑問文は、wasやwereを前に出し、文末に「？」を付ける。

UNIT8　一般動詞の過去形　▶pp.50-51
- ☐ **公式17**　「規則動詞」:-edや-dを付けて過去形に変化させる。
- ☐ **公式18**　「不規則動詞」:動詞の形の変化を、１つ１つ覚えておかなければならない。

UNIT9　一般動詞の過去形の否定文・疑問文　▶pp.52-53
- ☐ **公式19**　否定文は、主語と動詞の間にdid notを置いて作る。
- ☐ **公式20**　疑問文は、主語の前にdidを置き、文末に「？」を付けて作る。

UNIT10　未来の表現　▶pp.54-55
- ☐ **公式21**　「will」:動詞の前にwillという助動詞を置き、その後ろに原形動詞を置く。否定文はwill not。疑問文はwillを文頭に、「？」を文末に置く。
- ☐ **公式22**　「be going to」:「主語＋be動詞」の後ろにgoing toを置き、その後ろに原形動詞を置く。否定文はbe動詞の後ろにnotを付ける。疑問文はbe動詞を文頭に、「？」を文末に置く。

UNIT11　進行形　▶pp.56-57
- ☐ **公式23**　現在や過去の一時的な動作や状態を表す。
- ☐ **公式24**　「現在進行形」は、be動詞の現在形の後ろに「動詞の-ing形」を置いて作る。
- ☐ **公式25**　「過去進行形」は、be動詞の過去形の後ろに「動詞の-ing形」を置いて作る。

UNIT17　第2文型と第5文型　▶pp.82-83

- ☐ 公式39　「第2文型」：動詞の後ろに「補語」と呼ばれる、名詞や形容詞が置かれ、主語(S)と補語(C)の間は必ず「S＝C」という関係になる。
- ☐ 公式40　「第5文型」：他動詞の後ろに、目的語となる名詞が置かれ、その後ろに、補語となる名詞や形容詞が置かれる。この目的語(O)と補語(C)の間は必ず「O＝C」の関係になる。

UNIT18　受動態の作り方　▶pp.84-85

- ☐ 公式41　主語の後に「be動詞＋過去分詞形」を置いて表現する。byという前置詞を使って、もともと主語であった動作の主を表す。
- ☐ 公式42　第4文型のSVO$_1$O$_2$を受動態にするには、O$_1$を主語にする場合⇒「O$_1$ be Vpp O$_2$」となり、O$_2$を主語にする場合⇒「O$_2$ be Vpp to[for] O$_1$」となる。

UNIT19　不定詞の名詞的用法　▶pp.94-95

- ☐ 公式43　「to ＋ 動詞の原形」という形で表される不定詞は、「名詞」、「形容詞」、「副詞」の3つの品詞の働きをする。
- ☐ 公式44　「名詞的用法」は「Vすること」という意味で、名詞として使われる。
- ☐ 公式45　形式主語のit：「It is ... for ～ to V」という形で、「～がVするのは…だ」という意味を持つ不定詞を使った構文になる。
- ☐ 公式46　形式目的語のit：「S V it C to V」という形で、Oの部分をいったんitに置き換え、不定詞などの長いものを後回しにする。

UNIT20　不定詞の形容詞的用法　▶pp.96-97

- ☐ 公式47　「Vするという」「Vするための」という意味で、形容詞と同じ働きをする。
- ☐ 公式48　修飾される名詞と後ろに続く不定詞の間には、「不定詞が名詞を説明する関係」や「イコールの関係」が成り立つ。
- ☐ 公式49　会話でよく使うsomething…to Vという形。somethingやnothingやanythingなどの名詞は、形容詞が後ろにくっつき、そのさらに後に不定詞が来る。

UNIT21　不定詞の副詞的用法　▶pp.98-99

- ☐ 公式50　「副詞的用法」の不定詞は、「Vするために」(目的)、「Vして(…な気持ちになった)」(感情の理由)、などを表す。
- ☐ 公式51　「そしてVする」(結果)の副詞的用法は、熟語のようにしてまとめて覚えておくといい。

UNIT22　原形不定詞　▶pp.100-101

- □ 公式52　make、let、see、have、helpなど、いくつかの動詞の後ろでは「目的語＋原形動詞」という形が使われる。
- □ 公式53　原形不定詞を使った文を受動態にした場合は、to不定詞を使わなければならない。

UNIT23　動名詞の使い方　▶pp.102-103

- □ 公式54　動詞の形をVingに変えて、「Vすること」のような意味を持たせることができる用法で、文中で名詞の働きをする。
- □ 公式55　動名詞のみを目的語にとる動詞⇒enjoy、finish、mindなど。不定詞のみを目的語にとる動詞⇒plan、promise、wishなど。どちらも目的語にとる動詞⇒likeなど。
- □ 公式56　不定詞には未来的な意味合いがある。

UNIT24　現在分詞と過去分詞　▶pp.114-115

- □ 公式57　「分詞」とはVingやVppという動詞の変化形で、形容詞の働きをする。
- □ 公式58　Ving形の「現在分詞」は、「Vする」「Vしている」という意味で使われる。
- □ 公式59　Vpp形の「過去分詞」は、「Vされる」「Vされた」と言う意味で使われる。

UNIT25　分詞構文の基本　▶pp.116-117

- □ 公式60　「分詞構文」は、動詞のVing形で、文全体や動詞を修飾し、副詞のような働きをする。
- □ 公式61　「Vするので」(理由)、「Vするとき」(時)、「Vするならば」(条件)、「Vして；Vしながら」(付帯状況)、「Vするけれども」(譲歩)、「そしてVする」(結果)など、さまざまな意味がある。
- □ 公式62　分詞構文の表す時間が主文の表す時間よりも前である場合には、having Vppという分詞構文の形を使う。

UNIT26　受動分詞構文　▶pp.118-119

- □ 公式63　「受動分詞構文」：受動態の分詞構文で、beingが外れて、過去分詞形だけが前に残った分詞構文のこと。
- □ 公式64　受動分詞構文では時間のズレを示す必要がなく、主文より前の時点のことでも先頭に過去分詞形を使うことができる。
- □ 公式65　主文の主語が「する」のであればVing形を使い、主文の主語が「される」「された」のであればVppを使う。

UNIT27　関係代名詞の主格　▶pp.126-127

- ☐ **公式66**　関係代名詞の主格の後ろには動詞が置かれ、「関係代名詞＋動詞」という形で、直前の名詞を修飾・説明する。
- ☐ **公式67**　関係代名詞の主格の用法では、先行詞が人間を表す場合は「who＋動詞」の形を使い、先行詞が物の場合は「which＋動詞」の形を使う。

UNIT28　関係代名詞の所有格　▶pp.128-129

- ☐ **公式68**　関係代名詞の所有格は、先行詞が持っているもの、つまり所有物を修飾・説明したいときに使う。
- ☐ **公式69**　先行詞が物でも人でもwhoseを使う。
- ☐ **公式70**　関係代名詞whoseの後ろには、動詞が置かれる場合とSVが置かれる場合がある。

UNIT29　関係代名詞の目的格　▶pp.130-131

- ☐ **公式71**　目的格の関係代名詞の直後にはSVが置かれるが、この部分は必ず他動詞や前置詞の目的語が抜けている不完全な文でなければならない。
- ☐ **公式72**　先行詞が人の場合whom、物の場合whichだが、口語ではほとんど使われず、thatを使うほうがより自然。

UNIT30　基本的な関係副詞　▶pp.132-133

- ☐ **公式73**　関係副詞は、後ろに節を置いて直前の先行詞を修飾・説明する。
- ☐ **公式74**　関係副詞の直後には必ず「完全な文」が置かれなければならない。
- ☐ **公式75**　先行詞が「場所」の場合⇒where、「時」の場合⇒when、the reason(理由)の場合⇒whyを使う。

UNIT31　前置詞＋関係代名詞　▶pp.134-135

- ☐ **公式76**　目的格の関係代名詞の直後にくる不完全な文の前置詞を、目的格の関係代名詞の前に移動させることができる。
- ☐ **公式77**　関係代名詞の直前に前置詞を置くことができるのは、whichとwhomで、関係代名詞thatの前には置くことはできない。

UNIT32　関係詞の非制限用法　▶pp.136-137

- ☐ **公式78**　非制限用法：関係代名詞の直前にコンマを使う用法のこと。
- ☐ **公式79**　コンマの後ろに続く関係詞の部分はあくまで追加や補足。
- ☐ **公式80**　「, which」は特定の名詞だけでなく、前の文や節、あるいは全体の内容などを先行詞とすることもできる。

UNIT33　関係代名詞のwhat　▶pp.138-139

- ☐ 公式81　関係代名詞のwhatは、「こと」「もの」という先行詞の意味が既に含まれている言葉。
- ☐ 公式82　主格としても目的格としても使うことができる。

UNIT34　仮定法の基本　▶pp.150-151

- ☐ 公式83　「仮定法過去」：if節には過去形を用い、主節ではwould、should、could、mightなどの過去形の助動詞を使う。
- ☐ 公式84　「仮定法過去完了」：if節には、had Vppという過去完了形を用い、主節ではwould have Vpp、could have Vpp、should have Vpp、might have Vppなどの「過去形の助動詞＋完了形」の形を使う。

UNIT35　I wishとas if　▶pp.152-153

- ☐ 公式85　I wish：「現実にはあり得ないことを願う」場合に使う表現で、「I wish S Vp」(SがVすればいいなあ)という形をとる。
- ☐ 公式86　as if：「as if S Vp」(SがVするかのごとく)または「as if S had Vpp」(SがVしたかのごとく)という形をとる。

UNIT36　比較級　▶pp.160-161

- ☐ 公式87　比較的短い語の場合は形容詞・副詞の後ろに-erを付けて、比較的長い語の場合には、直前にmoreという言葉を置く。
- ☐ 公式88　「A be 比較級 than B」(AはBより…だ)が基本形。
- ☐ 公式89　「比較級 than any other ～」(他のどんな～よりも…)や「No other ～ 比較級 than —.」(－よりも…な～はない)で、最上級表現ができる。

UNIT37　最上級　▶pp.162-163

- ☐ 公式90　短めの形容詞・副詞の場合、語尾に-estを付け、長めの形容詞・副詞の場合には、語の前に mostを置き、その直前にtheを付けて、「the ＋ 最上級」という形にする。
- ☐ 公式91　最上級を強調する場合は、「by far the 最上級」、「much the 最上級」、「the very 最上級」などの形を使う。
- ☐ 公式92　「the 最上級 ＋ 名詞 that S have ever Vpp φ」：「Sがこれまでにvした中で一番…な名詞」という意味の重要表現。

UNIT38　同等比較　▶pp.164-165

UNIT39　等位接続詞と従位接続詞　▶pp.172-173

UNIT40　前置詞　▶pp.174-175

UNIT41　不可算名詞　▶pp.178-179

UNIT42　感嘆文　▶pp.180-181

不規則動詞100選

「原形—過去形—過去分詞形」が不規則に変化する頻出動詞を集めました。
しっかり覚えて、使いこなせるようにしましょう。

		動詞	意味	原形 ▶	過去形 ▶	過去分詞形
☐	1	awake	目覚めさせる	awake	awoke	awoke / awoken
☐	2	bear	耐える	bear	bore	borne
☐	3	beat	打つ	beat	beat	beaten
☐	4	begin	始める	begin	began	begun
☐	5	bend	曲げる	bend	bent	bent
☐	6	bind	縛る	bind	bound	bound
☐	7	bite	かむ	bite	bit	bitten
☐	8	blow	吹く	blow	blew	blown
☐	9	break	壊す	break	broke	broken
☐	10	bring	持ってくる	bring	brought	brought
☐	11	build	建てる	build	built	built
☐	12	buy	買う	buy	bought	bought
☐	13	catch	捕まえる	catch	caught	caught
☐	14	choose	選ぶ	choose	chose	chosen
☐	15	come	来る	come	came	come
☐	16	cost	(費用が)かかる	cost	cost	cost
☐	17	cut	切る	cut	cut	cut
☐	18	dig	掘る	dig	dug	dug
☐	19	do	する	do	did	done
☐	20	draw	引く	draw	drew	drawn
☐	21	drink	飲む	drink	drank	drunk
☐	22	drive	運転する	drive	drove	driven

		動詞	意味	原形	▶	過去形	▶	過去分詞形
☐	23	**eat**	食べる	eat		ate		eaten
☐	24	**fall**	落ちる	fall		fell		fallen
☐	25	**feed**	養う	feed		fed		fed
☐	26	**feel**	感じる	feel		felt		felt
☐	27	**fight**	戦う	fight		fought		fought
☐	28	**find**	見つける	find		found		found
☐	29	**forgive**	許す	forgive		forgave		forgiven
☐	30	**freeze**	凍る	freeze		froze		frozen
☐	31	**get**	得る	get		got		got / gotten
☐	32	**give**	与える	give		gave		given
☐	33	**go**	行く	go		went		gone
☐	34	**grow**	成長する	grow		grew		grown
☐	35	**hang**	つるす	hang		hung		hung
☐	36	**hear**	聞く	hear		heard		heard
☐	37	**hide**	隠す	hide		hid		hidden
☐	38	**hit**	打つ	hit		hit		hit
☐	39	**hold**	抱く	hold		held		held
☐	40	**hurt**	傷つける	hurt		hurt		hurt
☐	41	**keep**	保つ	keep		kept		kept
☐	42	**know**	知る	know		knew		known
☐	43	**lay**	横たえる	lay		laid		laid
☐	44	**leave**	去る	leave		left		left
☐	45	**lend**	貸す	lend		lent		lent
☐	46	**let**	させておく	let		let		let
☐	47	**lie**	横たわる	lie		lay		lain
☐	48	**lose**	失う	lose		lost		lost

		動詞	意味	原形 ▶	過去形 ▶	過去分詞形
☐	49	make	作る	make	made	made
☐	50	mean	意味する	mean	meant	meant
☐	51	meet	会う	meet	met	met
☐	52	overcome	克服する	overcome	overcame	overcome
☐	53	pay	支払う	pay	paid	paid
☐	54	put	置く	put	put	put
☐	55	read	読む	read	read	read
☐	56	ride	乗る	ride	rode	ridden
☐	57	ring	鳴る	ring	rang	rung
☐	58	rise	昇る	rise	rose	risen
☐	59	run	走る	run	ran	run
☐	60	say	言う	say	said	said
☐	61	see	見る	see	saw	seen
☐	62	seek	さがし求める	seek	sought	sought
☐	63	sell	売る	sell	sold	sold
☐	64	send	送る	send	sent	sent
☐	65	set	据える	set	set	set
☐	66	sew	縫う	sew	sewed	sewn/sewed
☐	67	shake	振り動かす	shake	shook	shaken
☐	68	shine	輝く	shine	shone	shone
☐	69	shoot	撃つ	shoot	shot	shot
☐	70	show	示す	show	showed	shown
☐	71	shrink	縮む	shrink	shrank	shrunk
☐	72	shut	閉める	shut	shut	shut
☐	73	sing	歌う	sing	sang	sung
☐	74	sink	沈む	sink	sank	sunk

	動詞	意味	原形	▶	過去形	▶	過去分詞形
☐ 75	sit	座る	sit		sat		sat
☐ 76	sleep	眠る	sleep		slept		slept
☐ 77	speak	話す	speak		spoke		spoken
☐ 78	spend	費やす	spend		spent		spent
☐ 79	spread	広げる	spread		spread		spread
☐ 80	spring	跳ぶ	spring		sprang		sprung
☐ 81	stand	立つ	stand		stood		stood
☐ 82	steal	盗む	steal		stole		stolen
☐ 83	strike	叩く	strike		struck		struck
☐ 84	sweep	掃く	sweep		swept		swept
☐ 85	swim	泳ぐ	swim		swam		swum
☐ 86	swing	揺れる	swing		swung		swung
☐ 87	take	取る	take		took		taken
☐ 88	teach	教える	teach		taught		taught
☐ 89	tear	引き裂く	tear		tore		torn
☐ 90	tell	告げる	tell		told		told
☐ 91	think	考える	think		thought		thought
☐ 92	throw	投げる	throw		threw		thrown
☐ 93	understand	理解する	understand		understood		understood
☐ 94	upset	ひっくり返す	upset		upset		upset
☐ 95	wake	目覚める	wake		woke		woken
☐ 96	wear	着ている	wear		wore		worn
☐ 97	weep	しくしく泣く	weep		wept		wept
☐ 98	win	勝つ	win		won		won
☐ 99	wind	巻く	wind		wound		wound
☐ 100	write	書く	write		wrote		written

これも知っトク！

ちょこっと **文法応用編**

　ここからは、「本編では取り上げなかったけど、知っておくとより便利な」7つの英文法トピックをご紹介します。

TOPIC 1

未来にもしも…するならば
～未来の仮定法～

例文

❶ If you should get a million yen, what would you buy?
　（万一あなたが百万円を手に入れるようなことがあったら、あなたは何を買いますか）

❷ If you were to die tomorrow, I would die with you.
　（万一あなたが明日死ぬようなことがあったら、私はあなたといっしょに死ぬだろう）

▶ 未来の仮定法の作り方

　「万一、未来に…ならば」というように未来のことに対して仮定する場合には、「未来の仮定法」の形が使われます。

　未来の仮定法には2つの形があります。

　1つは、**If S should V**（万一SがVするならば）という形です。

　このshouldを使ったif節の場合、それを受ける主節には、可能性が低い場合にはwould、ある程度可能性がある場合にはwillという助動詞を使います。

　例文1はshouldを使った文です。主節には可能性が低いwouldが使われています。

　もう1つの形は例文2のように**if S were to V**（万一SがVするならば）という形です。このwere toを使ったif節の場合、それを受ける主節ではwillを使うことはできず、必ずwouldという助動詞を使わなければなりません。

「Vだったかも」「Vすればよかった」表現

〜過去を推察・後悔する助動詞表現〜

例文

❶ **He** must have missed **the train.**
(彼は電車に乗り遅れたにちがいない)

❷ **You** should have tried **her stew.**
(あなたは彼女のシチューを食べてみるべきだったよ)

▶「助動詞＋have Vpp」で表す

現在から過去のことを思い起こして、「Vだったかも」というように、過去を推察したり、「Vすればよかった」と、過去の行動に対して後悔したりするときに使うのが、現在形の助動詞の後ろに「have＋過去分詞形」という完了形を置いた「**助動詞＋have Vpp**」の形を使った表現です。

▶助動詞によってニュアンスが変わる

例文1では、must have missedという形を使い、「(過去において) 彼が電車に乗り遅れたにちがいない」と、現在の時点から**推量**しています。

例文2では、should have triedという形で、過去に実際にはしなかったことに対して、「そうすればよかったのに」と、現在の時点から**後悔**しています。

この過去を推察する助動詞表現は、よく使われるものが限られているので、1つの慣用句のようにして、まとめて覚えておきましょう。

☐ cannot have Vpp	Vしたはずがない
☐ may[might] have Vpp	Vしたかもしれない
☐ must have Vpp	Vしたにちがいない
☐ should have Vpp	Vすべきだったのに
☐ ought to have Vpp	Vすべきだったのに
☐ need not have Vpp	Vする必要はなかったのに

現在形なのに未来を表すことがある!?

～副詞節の中の未来～

例文

❶ I will tell her the truth when she comes here.
(彼女がここにやって来るとき、私は彼女に真実を伝える)

❷ Do you know when she will come here?
(彼女がいつここにやって来るか知っていますか)

▶ 時や条件を表す副詞節に注意

例文1を読んで、どこか疑問に思うところはありませんか。

「彼女がやって来る」のも未来だし、「彼女に真実を伝える」ことも未来のはずなのに、when節の中の動詞は現在形になっていますね。

実は、**動詞にかかる副詞の働きをする節、つまり「副詞節」の中では、「未来のことでも現在形で書く」ことがある**のです。

例文1では、when S Vの部分は、「SがVするとき」という意味で使われていて、主節を修飾していますね(when以下を省いても文が成り立ちます)。このような、時を表す副詞節の中ではwillを使うことはありません。**もちろん、時を表す場合だけでなく、条件を表すif S V(SがVするならば)のような副詞節の中でも、未来のことは現在形で表します。**

▶ 名詞節か副詞節かを区別する

例文2にあるwhen S Vは、「SがVするとき」という意味ではなく、「いつSがVするか」という意味で使われています。

ここでは、when S Vは、knowという他動詞の目的語、つまり名詞の働きをする**「名詞節」として使われており、名詞節の中では、未来のことはwillで表します。**

このように、同じ接続詞が使われていても、「副詞節」か「名詞節」によって節の中で使われる時制が違ってくるので、注意しておきましょう。

TOPIC 4 •

完了形は「現在」だけではない!?
～過去完了形と未来完了形～

例文

❶ I had already finished the cleaning when she came.
（彼女が来たとき、私はすでに掃除を終えていた）

❷ I will have finished the report by tomorrow.
（私は明日までにレポートを終えているだろう）

▶ **過去完了形** •

「現在完了形（げんざいかんりょうけい）」は、「現在までの経験や継続や完了」を表す場合に使われますが、**「過去完了形」は「過去までの経験や継続や完了」を表す場合に使われます**。例文1では「完了」を表す過去完了形を使い、「彼女が来た」という過去の時点までに「掃除が完了していた」ということを述べています。

過去完了形は、haveの過去形であるhadに動詞の過去分詞形を付けて、**had＋Vpp**という形で表します。否定文はhadの後ろにnotを付け、had not Vppという形を使います。had notは、hadn'tと短縮されることも。疑問文は**Had S Vpp?**という形で、答える場合はYes, S had. や No, S had not[hadn't]. と答えます。

▶ **未来完了形** •

「未来までの経験や継続や完了」を表すときは、「未来完了形（みらいかんりょうけい）」を使います。例文2では未来完了形を使って「明日」という未来の時点までに「レポートを終えているだろう」という、未来の時点までの「完了」を述べています。

未来完了形は、**will have Vpp**という形をとります。

未来完了形を否定文にすると、will not have Vppという形になり、疑問文は、Will S have Vpp?となり、答えるときは、Yes, I will.やNo, I will not[won't].のように、willを使って答えます。

• •

「○○が××したことを今△△する」表現
～完了不定詞と完了動名詞～

例文

❶ **She seems** to have been **a beauty in her day.**
（彼女は若いときには美人だったように思える）

❷ **I am ashamed of** having stolen **the money.**
（私はそのお金を盗んだことを恥ずかしく思っている）

▶ **主文と時間のズレがあるときに使う** •

　不定詞や動名詞の部分が、主文の表す時間よりも過去の出来事である場合、その部分には「完了不定詞」や「完了動名詞」という形を使います。

　例文1では、年をとっている現在の彼女を見て「若いころは美人だっただろう」と言っている状況が考えられます。現在の彼女を見て思えることと「彼女は若いときに美人だった」ことの間には**時間のズレ**がありますね。

　こういう場合、to have been a beautyという完了不定詞を使って過去の内容を表します。

　例文2は「私が恥ずかしく思っている」のは現在ですが、「お金を盗んだ」のは過去のことです。この場合もやはり動名詞の部分の表す時間は主文よりも過去のことなので、having stolenという完了動名詞を使って表現します。

　「完了不定詞」は、不定詞のtoの後ろに**「have Vpp」**を置いた形、**「完了動名詞」**は**「having Vpp」**という形のことを言います。

　不定詞や動名詞は、to VやVingといった決まりきった形だけではなく、さまざまな形に変化して使われます。不定詞や動名詞の変化形は、きちんと整理して頭の中に入れておきましょう。

TOPIC 6 ••••••••••••••••••••••••••••••••••••

「○○を××の状態にして」表現

〜付帯状況のwith 〜

❶ **We can't go across the river** with **the bridge** broken.
(橋が壊れているので、私たちは川を渡ることができない)

❷ **I had** my wallet stolen **on the train.**
(私は電車の中で財布を盗まれた)

▶「with＋名詞＋…」で表す ••••••••••••••••••••••••••••••••

　withという前置詞は「持って」や「いっしょに」という意味以外に、「付帯状況のwith」という構文で使われることがあります。

　この構文は、withの後ろに、名詞と、形容詞や分詞、前置詞＋名詞などを置き、「with ＋ 名詞 ＋ …」という形で、「名詞を…の状態にして」という意味を表します。重要なのは、名詞の直後に分詞が置かれる場合、その分詞がVingとVppのどちらをとるのか、という問題です。この区別は、withの直後の名詞を基準にして、その名詞が**「する」のか「される」のか**を考えます。

　名詞が「する」のであればVing形に、「される」のであればVpp形になります。例文1では、withの後ろにある名詞bridge（橋）は「壊す」ほうではなく、「壊される」ほうですね。ですので過去分詞形のbrokenが使われています。日本語に訳すと「橋が壊れているので」と言うほうが自然なので、このような日本語に惑わされて「している」「する」の現在分詞にしないよう注意しましょう。

▶「have 〜 Vpp」の構文 ••••••••••••••••••••••••••••••••••

　例文2も分詞を使った文ですが、ここで使われているのは、**have 〜 Vppで、「〜をVされる[してもらう]」という意味**の構文です。この構文でも、目的語の位置にある名詞と過去分詞形の間に「される」という受動の関係がありますね。例文2で財布は「盗む」ほうでなく「盗まれる」ほうなので、Vppのstolenが使われています。このhave 〜 Vppは、get 〜 Vppという形で表すこともできます。

「どんな…でも」「…であろうとも」表現

〜 -everの構文〜

❶ Whoever comes early can get a drink.
(早く来ればだれでも飲み物がもらえる)

❷ However fast she runs, she can't catch up with me.
(どんなに彼女が速く走っても、彼女は私には追いつけない)

▶ 名詞節を作る ••

　関係詞や疑問詞に-ever という言葉を付けると、「どんな…でも」「…であろうとも」といった意味を表せます。例文1で使われているのは関係詞に-everを付けたwhoeverで、直後にVが置かれたwhoever Vの形で**「Vするだれでも」**という意味の名詞のかたまりを作ります。例文1ではwhoeverの直後に動詞のcomesが置かれ、whoeverからearlyまでで「早く来る人はだれでも」という**大きな名詞のかたまり**となり、主語の働きをしています。whoever Vは、anyone who Vに書き換えられます。また、whoeverは三人称単数現在として扱われるので、直後のVが一般動詞なら三単現のsを付けなくてはなりません。

▶ 副詞節を作る ••

　〜 everが導く節が**大きな副詞のかたまり**を作ることもあります。例えば、**however**は直後に形容詞や副詞を置き、その後ろにS (may) V という文を続けて、「どんなに…にSがVしても」という意味の副詞のかたまりを作ることができます。例文2では、However fast she runsの部分が「どんなに速く彼女が走ろうとも」という意味の譲歩の節になっていますが、この節はその後ろの主節を修飾し、副詞の働きをしています。

　howeverなどを使った副詞節は、-everの部分を**no matter how ...** という形に書き換えられます。例文2はNo matter how fast she runsと書き換えられるのです。

おわりに

皆さん、最後まで学習していただきありがとうございます。

前書きでもお伝えしたとおり、英語は使いながらおぼえることが大切です。

本書で学んだ文法も、会話の中で間違いながらさらにブラッシュアップしていただきたいと思います。英文法の学習はキリがないので、ここから先は英語を使うことを優先して、必要に応じて細かい文法を学んでいけばよいと思います。もう準備はバッチリです。すぐに英語を使い始めましょう！

本書で学んだ皆さんと、どこかで英語でお話しできるのを、楽しみにしています。

Enjoy using English!

安河内哲也

●著者紹介

安河内哲也　Yasukochi Tetsuya

1967年日本の福岡県北九州市生まれ、遠賀郡岡垣町育ち。上智大学外国語学部英語学科卒。東進ハイスクール・東進ビジネススクールのネットワーク、各種教育関連機関での講演活動を通じて実用英語教育の普及活動をしている。また、文部科学省の審議会において委員を務めた。大学入試や高校入試へのさらなる4技能試験の導入にむけて活動中。話せる英語、使える英語を教えることを重視している。子供から大人まで、誰にでもわかるよう難しい用語を使わずに、英語を楽しく教えることで定評がある。著書は『ゼロからスタート　英文法』「小学英語スーパードリルシリーズ」「中学英語スーパードリルシリーズ」（以上、Jリサーチ出版）ほか100冊以上に及ぶ。URLはwww.yasukochi.jp

本書へのご意見・ご感想は下記URLまでお寄せください。
https://www.jresearch.co.jp/contact/

執筆協力	森川誠子／魚水憲／杉山一志
校正協力	佐藤誠司
英文校正	A to Z English
カバーデザイン	滝デザイン事務所
本文デザイン・DTP	アレピエ
イラスト	みうらもも
ナレーション	Jennifer Okano／水月優希／太田真一郎

新ゼロからスタート英文法

令和3年（2021年）5月10日　初版第1刷発行
令和6年（2024年）6月10日　　　第3刷発行

著　者	安河内哲也
発行人	福田富与
発行所	有限会社　Jリサーチ出版

〒166-0002　東京都杉並区高円寺北2-29-14-705
電話 03（6808）8801（代）　FAX 03（5364）5310（代）
編集部 03（6808）8806
URL https://www.jresearch.co.jp

印刷所	㈱シナノパブリッシングプレス

ISBN 978-4-86392-515-1 禁無断転載。なお、乱丁・落丁はお取り替えいたします。